EDITS
ET REGLEMENS

POUR l'Université de Dijon.

*Avec les anciens Edits, Déclarations & Réglemens concernant
les Etudes du Droit Civil & Canonique dans toutes
les Universitez du Royaume.*

A DIJON,

Chez ANTOINE DE FAY Imprimeur de l'Université.

M. DCC. XXIII.

EDIT DU ROI,

PORTANT ETABLISSEMENT D'UNE FACULTE'
des Droits en la Ville de Dijon.

Donné à Versailles au mois de Décembre 1722.

Régistré en Parlement.

L OUIS par la grace de Dieu, Roi de France & de Navarre :
A tous presens & à venir, SALUT. Les Gens des Trois Etats de
nôtre Province & Duché de Bourgogne, Comtez de Charollois,
Mâconnois, Auxerrois, Bar-sur-Scine & Pays adjacents, Nous ont ex-
posé par l'Article Quatre du Cayer de leurs Remontrances, aprés l'Affemblée defdits Etats tenuë pendant le mois de Mai de l'année derniere, en conféquence de la permiffion que Nous leur en avions ac-
cordée par nos Lettres Patentes du vingt-huit Avril précédent, Que
quoique la Province de Bourgogne foit d'une grande étenduë, & la
premiere Pairie de nôtre Royaume ; qu'il y ait un Parlmeent, une
Chambre des Comptes, un Bureau des Finances, & un Préfidial établis à Dijon qui en eft la Capitale, outre plufieurs autres Préfidiaux
& Bailliages reffortiffants audit Parlement ; néanmoins il n'y avoit
point d'Univerfité dans la Province, enforte que ceux qui avoient
des enfants qu'ils deftinoient à remplir les Charges de Judicature dont
ces differents Tribunaux font compofez, étoient obligez de les envoyer en d'autres Provinces pour y étudier en Droit ; ce qui jettoit
les familles dans de grandes dépenfes, & privoit les enfants de
l'avantage d'être fous les yeux de leurs peres ou de leurs parents
chargez de veiller à leur conduite : Pour remédier à ces inconvé-
nients, les Gens des Trois Etats de notredite Province de Bourgogne & Pays adjacents, Nous auroient fuplié d'établir une Uni-

verſité dans ladite Ville de Dijon ; ce que Nous aurions accordé par nôtre Réponſe faite ſur leſdits Cayers le ſixiéme Juillet dernier, à condition que ladite Ville de Dijon, & à ſon défaut, ladite Province de Bourgogne, ſe chargeroient, ſuivant leurs offres, de la dépenſe annuelle & néceſſaire à l'entretien des Ecoles & des Profeſſeurs, auſſi bien que des frais de cet établiſſement : Surquoi les Univerſitez de Paris, Beſançon & autres Univerſitez de nôtre Royaume Nous ayant fait leurs repréſentations, Nous aurions par l'Arrêt de nôtre Conſeil du vingt-ſept Septembre dernier, ordonné que l'établiſſement de ladite Univerſité en nôtre Ville de Dijon n'auroit lieu que pour la Faculté de Droit ſeulement ; & voulant aſſurer l'établiſſement de ladite Faculté de Droit, & procurer à nos Sujets de ladite Province de Bourgogne l'avantage qu'ils en doivent retirer: A CES CAUSES, de l'avis de nôtre trés-cher & trés-amé Oncle le Duc d'Orleans Petit-Fils de France, Régent, de nôtre trés-cher & trés-amé Oncle le Duc de Chartres Premier Prince de nôtre Sang, de nôtre trés-cher & trés-amé Couſin le Duc de Bourbon, de nôtre trés-cher & trés-amé Couſin le Comte de Charollois, de nôtre trés-cher & trés-amé Couſin le Prince de Conty, Princes de nôtre Sang, de nôtre trés-cher & trés-amé Oncle le Comte de Touloufe, Prince Légitimé, & autres Grands & Notables Perſonnages de nôtre Royaume, Nous avons par le preſent Edit perpétuel & irrévocable, établi & établiſſons dans nôtre Ville de Dijon, une Faculté des Droits Civil, Canonique & François : Ordonnons que ladite Faculté ſera compoſée de Cinq Profeſſeurs, ſçavoir, Un pour enſeigner les Inſtituts du Droit Civil, Un pour le Digeſte, Un pour le Code & les Novelles, Un pour le Droit Canon, & Un pour le Droit François : Voulons que ladite Faculté, enſemble les Profeſſeurs & Supôts dont elle ſera compoſée, joüiſſent des mêmes Priviléges, Prérogatives, Exemptions, Honneurs, Juriſdictions & autres Droits attribuez aux autres Facultez de nôtre Royaume ; Nous réſervant de pourvoir ci-aprés au choix des Profeſſeurs & autres Supôts de ladite Faculté, & au Réglement que Nous jugerons néceſſaire pour le bon ordre & le bien des Etudes en ladite Faculté : Ordonnons que ladite Ville de Dijon, & à ſon défaut, ladite Province de Bourgogne, ſeront tenuës, ſuivant leurs offres, de fournir aux frais de l'établiſſement de ladite Faculté, & de faire les fonds néceſſaires pour les Gages des Profeſſeurs & autres Supôts, & pour l'entretien des lieux deſtinez aux Ecoles publiques de ladite Faculté. SI DONNONS EN MANDEMENT à nos amez & feaux les Gens tenants nôtre Cour de Parlement de Dijon, que ces preſentes ils ayent à faire lire, publier & enrégiſtrer,

& le contenu en icelles faire garder & obferver felon leur forme & teneur ; CAR tel eft nôtre plaifir. Et afin que ce foit chofe ferme & ftable à toujours, Nous y avons fait mettre nôtre Scel.
DONNE' à Verfailles au mois de Décembre, l'an de grace mil
fept cens vingt-deux, & de nôtre Regne le huitiéme. *Signé*,
LOUIS : *& plus bas*, Par le Roi, le Duc d'Orleans Régent,
préfent. PHELYPEAUX. Vifa. *Signé*, FLEURIAU.

INNOCENTIUS PP. XIII.

Ad Perpetuam Rei memoriam.

CUM ficut pro parte chariffimi in Chrifto Filii noftri Ludovici Francorum Regis Chriftianiffimi, nobis nuper expofitum
fuit, ipfe Ludovicus Rex ad inftantiam dilectorum Filiorum De-
putatorum Ducatus Burgundiæ, quamdam in Civitate Divionenfi
ftudii generalis Univerfitatem, in quâ Jus Canonicum, Civile,
& Gallicum publicè legi, & edoceri debet, non ita pridem infti-
tuerit, cupiatque idem Ludovicus Rex, quod omnes ii qui in dicta
Univerfitate Juri ejufmodi operam navaverint, quive peracto Studiorum fuorum curfu Doctoratum, aliofque in Jure gradus in præ-
dictâ Univerfitate fufceperint, iifdem, & præfertim habilitationis ad
Beneficia Ecclefiaftica affequenda privilegiis fruantur, quibus ex con-
ceffionibus Apoftolicis fruantur, qui Juri ftudent, aut Doctoratum,
& Gradus præfatos in aliis Regni fui Galliarum, & præcipuè To-
lofanâ, Studiorum generalium Univerfitatibus fufcipiunt. Nobis prop-
tereà memoratus Ludovicus Rex humiliter fupplicari fecit ; ut in
præmiffis opportunè providere, &, ut infrà, indulgere de benigni-
tate Apoftolica dignaremur. Nos præclarum, omnique laudum præ-
conio dignum ejufdem Ludovici Regis in bonarum litterarum, ac
laudabilium difciplinarum ftudiis excitandis propofitum plurimum
in Domino commendantes, illiufque votis hac in re favorabiliter
annuere volentes, hujufmodi fupplicationibus inclinati, de Venera-
bilium Fratrum noftrorum S. R. E. Cardinalium Concilii Triden-
ni Interpretum confilio, ut tam ii, qui in fupradictâ novâ Univerfitate Juri pro tempore ftuduerint, quàm in Baccalaureatum, Doctoratum, aliofve Gradus Scholafticos in Jure fervandis receperunt
omnibus, & fingulis privilegiis, indultis, favoribus, gratiis & præ-
rogativis, etiam habilitationis ad Beneficia Ecclefiaftica prædicta,

quibus illi qui Juri ſtudent, aut eoſdem in Jure Gradus in aliï
dicti Regni, & ſignanter Toloſanâ, Univerſitatibus præfatis ex
quibuſvis Apoſtolicis conceſſionibus quomodolibet utuntur, fruun
tur, & gaudent, ac uti, frui, & gaudere poſſunt, pari modo
abſque ullâ prorsùs differentiâ uti, frui, potiri, & gaudere de
beant, & valeant, auctoritate Apoſtolicâ tenore præſentium con-
cedimus & indulgemus decernentes ipſas præſentes Litteras firmas
validas, & efficaces exiſtere, & fore, ſuoſque plenarios, & inte-
gros effectus ſortiri, & obtinere, ac illis ad quos ſpectat, & pro
tempore ſpectabit pleniſſimè ſuffragari, & ab eis reſpectivè invio
labiliter obſervari ſicque in præmiſſis per quoſcumque Judices or-
dinarios, & Delegatos; etiam cauſarum Palatii Apoſtolici Audi-
tores judicari, & definiri debere, ac irritum, & inane, ſi ſecùs
ſuper his à quoquam quâvis auctoritate ſcienter vel ignoranter con
tigerit attentari. Non obſtantibus Conſtitutionibus, & Ordinatio-
nibus Apoſtolicis, nec-non quibuſvis etiam juramento confirmatione
Apoſtolica, vel quâvis firmitate aliâ roboratis Statutis, & Conſue-
tudinibus, Privilegiis quoque, Iudultis, & Litteris Apoſtolicis in
contrarium præmiſſorum quomodolibet conceſſis, confirmatis, & in-
novatis. Quibus omnibus & ſingulis illorum tenores præſentibus pro
plenè & ſufficienter expreſſis, ac de verbo ad verbum inſertis ha-
bentes, illis aliàs in ſuo robore permanſuris, ad præmiſſorum ef-
fectum hâc vice dumtaxat ſpecialiter, & expreſsè derogamus, cæ-
teriſque contrariis quibuſcumque. DATUM Romæ apud Sanctam
Mariam Majorem, ſub Annulo Piſcatoris, die XVI. Aprilis
M. DCC. XXIII. Pontificatûs noſtri anno ſecundo.

J. CARD. OLIVERIUS.

Lettres d'Attache ſur Bulles.

LOUIS par la grace de Dieu, Roi de France & de Navarre:
A nos amez & feaux les Gens tenans nôtre Cour de Parle-
ment de Dijon, SALUT. Par Bulles du 16 Avril dernier, nôtre
Saint Pere le Pape auroit accordé à ceux qui auront étudié en
Droit pendant le tems requis, dans l'Univerſité établie dans la
Ville de Dijon, & à ceux qui en obſervant ce qui doit être ob-
ſervé, auront reçû le Baccalaureat, le Doctorat & les autres De-
grez Scholaſtiques en Droit, tous & chacun les Privileges, Indults,
Faveurs, Graces & Prérogatives, & même l'habilité aux Bénéfices
Eccleſiaſtiques, ainſi qu'en joüiſſent & uſent ceux qui étudient en
Droit

Droit, ou qui ont reçû les mêmes Degrez & Droit dans les autres Univerfitez du Royaume, & notamment dans celle de Touloufe; & défirant que lefdites Bulles fortent leur plein & entier effet. POUR CES CAUSES, de l'avis de nôtre Confeil, Nous vous mandons & ordonnons par ces Prefentes, fignées de nôtre main, que nôtre Procureur Général apellé, s'il vous apert qu'aufdites Bulles ci-attachées fous le Contre-Scel de nôtre Chancellerie, il n'y ait rien de contraire aux faints Decrets & Concordats d'entre le Saint Siége & nôtre Royaume, ni de dérogeant à nos Droits, Priviléges, Franchifes & Libertez de l'Eglife Gallicane; vous ayez en ce cas à procéder à leur Enrégiftrement avec ces Prefentes, & du contenu en icelles faire joüir & ufer ceux qui auront étudié en Droit en ladite Univerfité, ou qui y auront reçû, comme dit eft, le Baccalaureat, le Doctorat & les autres Degrez Scholaftiques en Droit, ceffant & faifant ceffer tous troubles & empêchemens contraires : CAR tel eft nôtre plaifir. DONNE' à Verfailles le premier jour de Juin, l'an de grace mil fept cens vingt-trois, & de nôtre Regne le huitiéme. *Signé*, LOUIS, *Et plus bas*, Par le Roi. LE CARDINAL DUBOIS.

EXTRAIT DES REGISTRES DE PARLEMENT.

VEU par la Cour, les Chambres affemblées, les Lettres Patentes du Roi, en forme d'Edit, donné à Verfailles le mois le Décembre mil fept cens vingt-deux, figné, LOUIS, Par le Roi; de Duc d'Orleans Régent prefent, PHELYPEAUX. Vifa, FLEURIAU, & fcellé en cire verte fur double lacs de foie rouge & verte; pour établir en cette Ville de Dijon une Faculté des Droits Civil, Canonique, & François, compofée de cinq Profeffeurs; fçavoir, Un pour enfeigner les Inftituts du Droit Civil, Un pour le Digefte, Un pour le Code & les Novelles, Un pour le Droit Canon, & Un pour le Droit François; avec attribution à ladite Faculté, enfemble aux Profeffeurs & Supôts dont elle fera compofée, des mêmes Priviléges, Prérogatives, Exemptions, Honneurs, Juridictions, & autres Droits attribuez aux autres Facultez du Royaume; fe réfervant Sa Majefté de pourvoir ci-aprés au choix des Profeffeurs & autres Supôts de ladite Faculté, & aux Réglements qui feront jugez néceffaires pour le bon ordre & le bien des Etudes dans ladite Faculté, avec injonction à ladite

B

Ville de Dijon, & à fon deffaut, aux Etats de Bourgogne, de fournir, fuivant leurs offres, aux frais de l'établiffement de ladite Faculté, & de faire les fonds néceffaires pour les Gages des Profeffeurs & autres Supôts, & pour l'entretien des lieux deftinez aux Ecoles publiques de ladite Faculté : La Bulle de nôtre Saint-Pere le Pape, donnée à Rome le feiziéme Avril mil fept cens vingt-trois, qui accorde à ceux qui auront étudié au Droit pendant le tems requis dans ladite Univerfité, & à ceux qui obfervant ce qui doit être obfervé, auront reçû le Baccalaureat, le Doctorat, & les autres Degrez Scholaftiques en Droit, tous & chacun les Privileges, Indults, Faveurs, Graces, Prérogatives, & même l'habilité aux Bénéfices Eccléfiaftiques, ainfi qu'en joüiffent & ufent ceux qui étudient en Droit, ou qui ont reçû les mêmes Degrez & Droit dans les autres Univerfitez du Royaume, notamment en celle de Touloufe : Les Lettres Patentes du Roi, données à Verfailles le premier Juin dernier, fignées, LOUIS, Par le Roi : LE CARDINAL DUBOIS, & fcellées en cire jaune ; pour procéder à l'Enrégiftrement de ladite Bulle, pourvû qu'elle ne contienne rien de contraire aux faints Decrets & Concordats d'entre le Saint Siége & ce Royaume, ni de dérogeant aux Droits de la Couronne, Priviléges, Franchifes & Libertez de l'Eglife Gallicane : La Requête de Mes. Jean Rouget & Nicolas Perchet Procureurs à la Cour, & Syndics defdits Etats de Bourgogne, à ce qu'il plût à ladite Cour ordonner que lefdits Edit, Bulles & Lettres d'attache feront régiftrées, pour être exécutées felon leur forme & teneur : Conclufions du Procureur Général du Roi ; & oüi le Raport de Me. Hector-Bernard Pouffier plus ancien Confeiller : LA COUR, les Chambres affemblées, a ordonné & ordonne que lefdits Edit, Bulles & Lettres Patentes feront lûs, publiez & régiftrez ; qu'à la diligence du Procureur Général du Roi, copies defdits Edit, Bulles, Lettres, & du préfent Arrêt, feront envoyées dans tous les Bailliages & Siéges de ce Reffort, pour y être pareillement lûes, publiées, régiftrées, lefdits Edit, Bulles & Lettres d'attache exécutées conformément aux Loix du Royaume, aux Priviléges & Libertez de l'Eglife Gallicane : Enjoint aux Subftituts dudit Procureur Général du Roi de certifier la Cour defdites lecture, publication & enrégiftrement, dans quinze jours prochains. FAIT en Parlement à Dijon, le vingt-un Juillet mil fept cens vingt-trois : Et ont été lefdits Edit, Bulles, & Lettres, lûs, publiez à l'Audience de ladite Cour le vingt-trois du même mois.
Signé, GUYTON.

LETTRES PATENTES,

CONCERNANT L'UNIVERSITE' DE DIJON.

Données à Versailles le 20 Septembre 1723.

LOUIS par la grace de Dieu, Roi de France & de Navarre : A tous ceux qui ces presentes Lettres verront, SALUT. Par nôtre Réponse donnée sur les Cayers des Etats de Bourgogne, le 6 Juillet 1722, Nous leur aurions permis d'établir une Université en la Ville de Dijon, & par Arrêt de nôtre Conseil, rendu sur les representations de plusieurs Universitez de nôtre Royaume, le 27 Septembre suivant, Nous aurions ordonné que l'établissement de ladite Université n'auroit lieu que pour la Faculté de Droit seulement ; ce qui auroit été confirmé par nôtre Edit du mois de Décembre de la même année ; & étant nécessaire de pourvoir au choix que Nous nous étions réservé des Officiers, Professeurs & Supôts dont ladite Université doit être composée, & de prescrire en même tems ce qui doit être observé, tant pour l'administration des revenus qui ont été destinez à cet établissement, que pour le bon ordre & le bien des Etudes : A CES CAUSES, de l'avis de nôtre Conseil, & de nôtre certaine science, pleine puissance & autorité Royale, Nous avons dit & ordonné, & par ces Presentes signées de nôtre main, disons & ordonnons, voulons & Nous plaît ce qui suit.

ARTICLE PREMIER.
Protecteur de ladite Université.

Nôtre tres-cher & tres-amé Cousin le Duc de Bourbon, Prince de nôtre Sang, & Gouverneur de nôtre Province de Bourgogne, & ses Successeurs audit Gouvernement, seront & demeureront Protecteurs, sous nôtre autorité, de ladite Université établie en ladite Ville de Dijon pour la Faculté des Droits Civil, Canonique & François seulement.

Chancelier.

II. Nous nommons le Sieur Abbé Bouhier, Doyen de la Sainte Chapelle de Dijon, Chancelier de ladite Université, pour remplir tant qu'il Nous plaira toutes les fonctions attachées à ladite Dignité, conferer les Degrez, & joüir en cette qualité des mêmes rangs & honneurs dont joüissent les Chanceliers des autres Universitez de nôtre Royaume ; Nous réservant & aux Rois nos Successeurs de nommer à l'avenir, en cas de vacance, à ladite Dignité de Chancelier, sur la presentation qui Nous sera faite par nôtre Cousin l'Evêque Duc de Langres, de trois Ecclésiastiques Séculiers constituez en Dignité dans ladite Ville de Dijon, & qui sera par lui adressée, tant au Chancelier ou Garde des Sceaux de France, qui recevra sur ce nos Ordres, qu'au Gouverneur de ladite Province.

III. Permettons audit Chancelier de nommer un Vice-Chancelier pour remplir ses fonctions , & joüir des mêmes droits & prérogatives que ledit Chancelier, en son absence ou légitime empêchement, à condition toutesfois qu'il ne poura nommer qu'un Ecclésiastique Séculier constitué en Dignité dans ladite Ville.

Directeurs.

IV. Nous établissons dans lad. Université un Directeur né, dont le Titre demeurera attaché à la place de Premier Président du Parlement de ladite Province, lequel en cas d'absence ou légitime empêchement, sera remplacé par le plus ancien des Présidens qui se trouvera en état d'en faire la fonction ; ensemble trois Directeurs en Titre, qui seront nommez par Nous, tant pour le present que pour l'avenir, & ausquels Nous ferons expédier nos Lettres à ce nécessaires, lesquelles seront scellées sans aucuns droits, & seront tenus de prêter serment entre les mains du Protecteur de ladite Université, & en son absence, en presence du Directeur né, qui les installera en ladite Université, après quoi leurs Lettres seront enrégistrées sans frais, tant au Greffe du Parlement, qu'en celui de l'Université.

V. Les Directeurs veilleront sur l'exercice des fonctions des Professeurs & autres Supôts de ladite Université, & à l'execution des Réglements ; ils seront avertis des Examens & Théses des Ecoliers , pourront même les interroger, & donner leurs suffrages : assisteront à toutes les Assemblées de l'Université, & y auront voix délibérative.

VI. Les Directeurs en Titre qui seront du Corps du Parlement, auront entr'eux le même rang qu'ils ont dans cette Compagnie, sans avoir égard à la datte de leurs Lettres de Directeurs ; & ceux qui ne seront pas de ce Corps, n'auront rang qu'après les Directeurs en Titre pris du Corps du Parlement, quand même leurs Lettres seroient d'une datte antérieure.

Professeurs.

VII. Nous avons nommé & choisi pour Professeurs & autres Officiers & Supôts de ladite Université , sçavoir.

Le Sieur Bret avec titre de Doyen, lequel passera de l'Université de Besançon où il est Professeur , en ladite Université de Dijon, pour enseigner les Instituts du Droit Civil ; le Sieur Bannelier pour le Digeste ; le Sieur Delusseux pour le Code & les Novelles ; le Sieur Jean-Baptiste Fromageot pour le Droit Canon ; & le Sieur Davot pour le Droit François : lesquels Professeurs & ceux qui les remplaceront à l'avenir , joüiront chacun de mille livres d'appointemens fixes : Quatre Agrégez , sçavoir , le Sieur Bret fils Docteur és Droits, le Sieur Crevoisier Avocat, le Sieur Boisot Avocat, & le Sieur Calon Avocat , aux apointemens de trois cens livres chacun ; le Sieur Provin pour Secretaire Archiviste & Receveur de ladite Université , aux apointemens de quatre cens livres, lequel, vacance avenant , sera remplacé par le choix du Protecteur de ladite Université ; un Bedeau Massier, aux apointemens de cent cinquante livres, & deux autres Bedeaux, aux apointemens de cent livres chacun, lefquels feront nommez à prefent & à l'avenir, même deftituez s'il y échoit, par Délibération des Directeurs & des Profeffeurs de ladite Univerfité.

VIII. Il fera fait fonds chaque année au profit du Corps de ladite Univerfité, de la fomme de trois mille cinquante livres, pour être employée à l'achat ou loyer d'une Maifon pour les Ecoles, & aux Livres, Meubles & autres dépenfes de ladite Univerfité, fuivant les Délibérations qui feront prifes à cet effet; enfemble de celle de fix mille neuf cens cinquante livres pour les apointemens des Profeffeurs, Agrégez & autres Supôts de ladite Univerfité, qui leur feront payez & délivrez par le Secretaire-Receveur, fur les Mandemens des Directeurs; lefquelles fommes montant à celle de dix mille livres, feront payées annuellement, fçavoir, fix mille livres par les Etats de la Province de Bourgogne, & quatre mille livres par la Ville de Dijon, & ce fur les quittances du Secretaire-Receveur de ladite Univerfité, lefquelles feront paffées & alloüées fans difficulté par les Officiers de nôtre Chambre des Comptes de Bourgogne, tant dans les Comptes du Tréforier Général de ladite Province, que dans ceux du Receveur de ladite Ville.

IX. Les Profeffeurs porteront une Robbe noire avec l'Epitoge rouge bordé d'Hermine & un Bonnet carré, lorfqu'ils feront leurs Leçons ou qu'ils affifteront aux Examens, Théfes & autres fonctions, & la Robbe rouge avec l'Epitoge rouge bordé d'Hermine, quand ils préfideront aux Théfes, ou affifteront au Concours & autres Cérémonies publiques, telles que l'Inftallation des Profeffeurs & Docteurs, Rentrées & Harangues.

X. L'ouverture des Ecoles fe fera à la Saint Martin & finira à la mi-Août; & il fera fait chaque année à l'Ouverture un Difcours par un des Profeffeurs, lequel fera annoncé quelques jours auparavant par affiche, & auquel les Compagnies Supérieures & autres de la Ville feront invitées; & avant ce Difcours, il fera célébré une Meffe du S. Efprit dans l'Eglife qui fera choifie pour les Cérémonies de l'Univerfité, à laquelle les Ecoliers feront tenus d'affifter, & le Lundi fuivant les Profeffeurs commenceront leurs Leçons.

XI. Les cinq Profeffeurs entreront tous les jours, à la réferve des Fêtes & des Jeudis, & il y aura trois Leçons chaque matinée, l'une defquelles fera pour le Droit François, & deux l'apréfdinée aux heures qui feront par eux régléés, & dont le choix apartiendra aux Anciens, & il en fera fait une lifte à l'ouverture des Ecoles, laquelle fera affichée à la porte de l'Univerfité.

XII. Les Profeffeurs, autres que le Profeffeur en Droit François, feront tenus d'enfeigner pendant cinq ans la matiere dont Nous les avons chargez, & après ledit tems ils en changeront, le choix référé aux Anciens, fans néanmoins qu'ils puiffent reprendre celles qu'ils auront enfeignées pendant les cinq précédentes années; ce qui fera toujours pratiqué de cinq en cinq années. C

XIII. Les Profeſſeurs que Nous avons nommez, le Doyen excepté, aur[...] rang & ſéance entr'eux en toutes Aſſemblées, auſſi bien que de parti[...] lier à particulier, ſuivant l'ancienneté de leurs Degrez de Licence ; & à l'a[...] nir lors des mutations, ſuivant leur réception dans l'Univerſité en ve[...] de nos Lettres.

XIV. A l'Ouverture des Ecoles, il ſera élû par les cinq Profeſſeurs ſe[...] ment, un Syndic de l'Univerſité, lequel fera ſes fonctions & demeurera[...] exercice pendant trois années conſécutives.

XV. Le Profeſſeur en Droit François poura être élû Syndic & deve[...] Doyen, & aſſiſtera à toutes Aſſemblées de l'Univerſité, & y aura voix[...] libérative, ſans néanmoins qu'il puiſſe être admis aux Examens & à la P[...] ſidence des Théſes du Droit Civil & Canonique ; & en cas de vacance d[...] place, il en fera uſé ainſi qu'il eſt porté par l'Article XV. dé la Déclarati[...] du ſix Août 1682.

XVI. Aucun Profeſſeur ne pourra s'abſenter de la Ville, hors le tems [...] vacances des Ecoliers, qu'en avertiſſant le plus ancien des Directeurs ; & [...] ce cas, de même que dans les cas de maladie ou autres empêchemens lé[...] times, il ſera choiſi par le Profeſſeur, tel des Agrégez qu'il jugera à p[...] pos, pour faire ſes Leçons, ſans que ledit Profeſſeur puiſſe être privé [...] ſes gages ; mais ſera tenu d'informer le plus ancien des Directeurs du ch[...] qu'il aura fait.

Agrégez.

XVII. Les Docteurs Agrégez porteront la Robbe noire avec l'Epitoge n[...] bordé d'Hermine, & le bonnet carré, dans les Ecoles & Examens, & l'E[...] toge rouge bordé d'Hermine dans les occaſions où les Profeſſeurs auront [...] Robbe rouge ; & ils auront la Robbe rouge avec l'Epitoge rouge bor[...] d'Hermine quand ils préſideront aux Théſes.

XVIII. Les Agrégez ſeront du Corps de l'Univerſité, & auront rang [...] ſéance & voix délibérative en toutes Aſſemblées, aprés les Profeſſeurs, e[...] cepté dans l'adjudication des Chaires de Profeſſeurs miſes au Concours ; [...] il ne pourra y avoir plus de deux Agrégez dans les Aſſemblées particuliere[...] où les Directeurs & Profeſſeurs ne ſe trouveront qu'au nombre de ſix, & [...] Agrégé ſeulement dans celles où les Directeurs & Profeſſeurs ſeront au d[...] ſous dudit nombre.

XIX. Les Docteurs Agrégez préſideront alternativement avec les Profe[...] ſeurs aux Théſes de Baccalaureat ſeulement ; & à l'égard des Théſes de L[...] cence & de Doctorat, il y pourront préſider au lieu du Profeſſeur qui ſe[...] en tour, quand ils en ſeront par lui requis, ſans qu'il ſoit néceſſaire d'obſe[...] ver le tour deſdits Agrégez.

Priviléges & Exemptions.

XX. Les Profeſſeurs, Agrégez & autres Supôts de ladite Univerſité auron[...] droit de Committimus aux Requêtes du Palais à Dijon, & joüiront d[...] l'exemption de Tailles, Logement de Gens de Guerre, de Tutelle, Cu-[...] ratelle & autres charges publiques.

Concours.

XXI. Lorfqu'une Chaire de Droit Civil & Canon viendra à vacquer, le jour du Concours en fera réglé par les Directeurs & les Profeffeurs, & indiqué au moins à trois mois; auquel effet il en fera envoyé des affiches à toutes les Facultez de Droit des Univerfitez de nôtre Royaume, & aux Subftituts de nôtre Procureur Général dans les Bailliages de la Province, pour être affichées par tout où befoin fera: trois jours francs avant l'ouverture du Concours tous les Prétendans fe rendront en Robbe & Bonnet dans la Salle du Confeil de l'Univerfité, où les Directeurs & Profeffeurs examineront les titres & capacitez des Prétendans, lefquels tireront au fort l'ordre dans lequel ils rendront leur Loi; & celui à qui le premier rang fera échû, recevra incontinent la Loi Civile & le Canon, qui lui feront donnez par les Directeurs & Profeffeurs à la pluralité des fuffrages & rendus publics, pour que les Prétendans puiffent fe préparer à la Difpute; le quatriéme jour aprés les Loix tirées, l'Afpirant fera une Leçon publique, d'abord fur la Loi Civile, & enfuite fur la Loi Canonique, & trois jours aprés il foutiendra la Difpute publique contre tous les Prétendans; le matin fur le Droit Civil, & l'aprés midi du même jour fur le Droit Canon: les Leçons & Difputes publiques fe feront en préfence des Cours Supérieures, qui y feront invitées par les Directeurs en titre, auffi bien que les autres Compagnies de la Ville, & les Officiers de l'Hôtel de Ville: une heure avant l'affemblée publique pour foutenir la Difpute, les Directeurs & les Profeffeurs s'affembleront comme la premiere fois, dans la Salle du Confeil, où fe trouveront tous les Concurrens, & où la Loi Civile & le Canon feront pareillement donnez à celui à qui le fecond rang fera échû, lequel, enfemble tous les autres Prétendans, obferveront à leur tour tout ce qui a été ordonné ci-deffus: le Concours fini, les Directeurs & les Profeffeurs qui auront affifté à toutes les Leçons & Difputes, fe rendront dans la Salle du Confeil de l'Univerfité, où le Doyen des Profeffeurs fera le raport des Leçons & Difputes, & opinera le premier, & enfuite les Directeurs & Profeffeurs: les voix feront prifes d'abord fur le choix des trois Concurrens qui auront mieux mérité; & aprés ce choix, on opinera fur le rang dans lequel ils feront préfentez; & s'il y a égalité de fuffrages dans le choix ou le rang, le Préfident aura la voix conclufive: il fera du tout dreffé un Procés verbal par le Secretaire de l'Univerfité, lequel fera remis au Commiffaire départi pour l'exécution de nos Ordres en Bourgogne, pour être par lui envoyé, tant à nôtre Chancelier ou Garde des Sceaux, qu'au Gouverneur de ladite Province & au Secretaire d'Etat ayant le Département; & fur le compte qui Nous fera par eux rendu, être par Nous fait choix du Sujet qui Nous fera le plus agréable, auquel Nous ferons expédier nos Lettres à ce néceffaires, qui feront pareillement fcellées fans aucuns droits, & enrégiftrées fans frais au Greffe du Parlement & en celui de l'Univerfité: Les Directeurs & Profeffeurs qui fe trouveront parens ou alliez d'aucuns des Afpirans dans les degrez de Peres, Beaux-peres, Enfans, Gendres, Freres, Beaux-freres, Oncles & Neveux, ne pourront affifter aux Elections, & feront exclus de toutes voix délibératives : Les Docteurs qui n'auront pas l'âge requis, pourront être admis au Concours, fur la permiffion qu'ils en obtiendront de nôtre Chancelier ou Garde des Sceaux ; & fi les fuffrages font en leur faveur, il leur fera expédié les Lettres de difpenfe à ce néceffaires : Le falut fera rendu par les Contendans tant dans le Concours, que dans les actes de Baccalaureat, de Licence & de Doctorat, en ces termes : *Viri illuftriffimi & undecunque ornatiffimi.*

Degrez.

XXII. Pour obtenir le Degré de Docteur, l'on fera tenu un an après la Licence, de foutenir une Théfe fur l'un & l'autre Droit, & enfuite de faire une Leçon publique fur une matiere de Droit Civil & une fur le Droit Canonique, & de répondre fur le champ aux objections qui pourront être faites ; excepté les Eccléfiaftiques qui ne feront obligez de répondre qu'en Droit Canon, tant les Théfes de Baccalaureat que celles de Licence & de Doctorat.

XXIII. Les Préfidences des Actes de Baccalaureat, de Licence & Doctorat, feront données par tour, le choix demeurant aux Anciens fuivant leur ordre ; en forte qu'après le premier, le fecond aura le choix, & ainfi confécutivement jufqu'à ce que chacun foit rempli ; & les jours pour foutenir les Théfes feront réglez par l'ancienneté des Profeffeurs.

XXIV. Les Directeurs, Profeffeurs & Agrégez qui auront affifté aux Actes, donneront leurs fuffrages dans une boëte, qui fera placée à cet effet dans la Salle de la Difpute, & qui fera ouverte après l'Affemblée, de forte que les Prétendants foient reçûs, remis ou rejettez fur le champ à la pluralité des voix ; & les avis & réfultats pour l'admiffion, remife ou renvoi de ceux qui auront foutenu des Théfes, feront infcrits foigneufement fur le Régiftre de l'Univerfité, & fignez de tous les Affiftans.

XXV. Pour examiner les Prétendans aux Degrez de Baccalaureat & de Licence, il fera tiré au fort deux Profeffeurs & deux Agrégez, dont les voix ne feront pas incompatibles, lefquels s'affembleront à cet effet dans la Salle de l'Examen, aux jours & heures que le plus ancien Profeffeur marquera ; enforte que les Examens foient faits exactement, & le plûtôt qu'il fe poura ; & après chaque Examen, les Examinateurs donneront leurs avis par écrit pour la permiffion de faire la Théfe : On obfervera pour les fuffrages dans les Examens & les Théfes, ce qui a été prefcrit pour le Concours fur l'incompatibilité des parents & alliez.

Etudes & Ecoliers.

XXVI. Le cours des Etudes de Droit Civil, Canonique & François fera de trois années confécutives, & ceux qui voudront étudier en ladite Univerfité, feront tenus de s'infcrire pour la premiere année, depuis le dix jufqu'au trente Novembre, fans qu'après ledit tems ils puiffent y être admis, sauf en cas de maladie seulement, quand elle sera prouvée par Certificats de Médecins, qui seront enrégistrez par le Sécretaire de l'Université, auquel cas ils seront reçûs à s'inscrire encore pendant tout le mois de Décembre, & les Inscriptions seront renouvellées dans le premier mois de chaque trimestre ; auquel effet il sera tenu deux Régistres desdites Inscriptions, lesquels seront cottez & paraphez par l'un des Directeurs en Titre, & dont l'un restera au Greffe de ladite Université, & l'autre sera envoyé dans le quinze du mois suivant à l'Ancien de nos Avocats Généraux en nôtre Cour de Parlement de Dijon.

XXVII. Les Etudians prendront pendant la première desdites trois années, la Leçon des Instituts du Droit Civil ; dans la deuxième une Leçon du Droit Civil & une du Droit Canon, & dans la troisiéme l'autre Leçon du Droit Civil & la Leçon du Droit François, s'ils ne l'ont pas prise dans la premiere ni dans la seconde, ce que Nous laissons à leur choix.

XXVIII. Aucun Ecolier ne pourra prendre des Degrez qu'il n'ait étudié une année continuë ; il ne pourra suplier pour le Degré de Bachelier qu'aprés l'année révoluë, & au plus tard dans le dernier Mars de l'année suivante, dans lequel tems il pourra demander des Examinateurs, un Président & les matieres de la Thése, en sorte qu'il y ait toûjours six semaines depuis le jour qu'il aura suplié, jusqu'à celui qu'il soutiendra la Thése ; & les Théses commenceront aprés la Saint Martin, & finiront au sept Septembre. La même chose sera pratiquée pour la Thése de Licence dans la troisiéme année.

XXIX. N'entendons rien innover à ce qui a été prescrit par les Réglemens à l'égard de ceux qui obtiendront des Degrez par bénéfice d'âge, aprés six mois utiles d'Etude.

Droits.

XXX. Les Droits du Chancelier de l'Université seront de six livres pour l'expédition & Sceau des Lettres de Degrez, ceux des Professeurs seront de quatre-vingts livres pour le Degré de Bachelier, de soixante-dix livres pour celui de Licencié, & de cent livres pour celui de Docteur ; & lors de chaque Degré, sera diminué ce qui aura été payé pour les Inscriptions : celui qui présidera aux Actes, soit Professeur ou Agrégé, aura de plus six livres de Bougie qui seront données par l'Ecolier : Le Professeur en Droit François aura quatre livres pour l'Examen du Droit François, & il en sera payé autant à chacun des deux autres Professeurs, & trois livres à chacun des deux Agrégez : Les deux Agrégez auront chacun trois livres pour chaque Examen, soit de Baccalaureat ou de Licence ; douze livres pour chaque Acte de Baccalaureat ou de Licence, lesquels droits, à la réserve de ceux qui se payent par avance à chaque Inscription, seront remis au Secretaire-Receveur, & par lui délivrez aprés chaque Examen ou Thése : Les droits des absens, ou ceux qui n'auront pas été presens aux Actes pendant trois Argumens, seront mis en bourse commune, de même que ceux dés

D

Inscriptions, pour le montant en être partagé également entre tous les Agrégez, à la fin de chaque trimestre : Les droits du Secretaire seront de trois livres pour chaque Lettres de Bachelier ; d'une livre pour l'enrégistrement de l'Extrait baptistaire lors du Baccalaureat seulement ; de dix sols pour l'enrégistrement de chaque Attestation, autant pour chaque Matricule, & autant pour la Suplique : Ceux du premier Bedeau seront de deux livres dix sols pour présenter les Théses à chaque Acte, & les deux autres Bedeaux auront une livre dix sols pour accompagner alternativement les Ecoliers dans leurs visites pour distribuer leurs Théses.

Administration.

XXXI. Toutes les Assemblées de l'Université seront tenuës dans la Salle du Conseil, où le Directeur né présidera, & en son absence & des autres Présidents, l'ancien des Directeurs en titre ; & seront les voix recüeillies en commençant par le plus ancien des Directeurs ; ce qui sera pareillement observé entre les Professeurs ; & en cas de partage, la voix du Président sera conclusive.

XXXII. Nous attribuons aux Directeurs & aux Professeurs conjointement, la Juridiction correctionnelle sur les Etudians dans ladite Université, pour les affaires & cas qui surviendront entre les Professeurs & les Etudians, ou entre les Etudians seulement dans l'enceinte ou territoire des Ecoles, ou chez les Professeurs ; lesquelles affaires seront décidées dans la Salle du Conseil, sur le Raport qui en sera fait par le Doyen, & le Jugement qui interviendra sera exécuté par provision, en cas d'apel, lequel sera porté à la Grand'-Chambre du Parlement de Dijon, qui ne poura donner d'Arrêts de deffenses de l'exécuter, qu'après avoir entendu le plus ancien des Directeurs sur les motifs des Jugemens.

XXXIII. Les Légistes pourront choisir l'un d'entr'eux, en présence des Directeurs & Professeurs, pour Procureur Général, à l'effet de poursuivre & donner ses Conclusions dans les affaires de discipline qui les concerneront, en considération de quoi ledit Procureur Général joüira de l'exemption d'une année d'Etude.

XXXIV. Les Comptes du Secretaire Receveur seront par lui présentez en la Salle du Conseil, pour être examinez & arrêtez par les Directeurs & les Professeurs, dans une Assemblée convoquée à cet effet.

XXXV. Il sera délivré chaque année par les mains du Secretaire, trente livres de Bougie à chacun des Directeurs par forme d'honoraire.

XXXVI. Permettons aux Professeurs de ladite Université de faire conjointement avec les Directeurs, tels Statuts qu'ils jugeront nécessaires pour la discipline des Ecoliers & le bien des Etudes, lesquels seront rédigez à la pluralité des voix, & insérez dans les Régistres de l'Université pour y avoir leur pleine & entiere exécution, en ce qui ne se trouvera pas contraire aux Présentes, ni aux précédens Réglemens.

XXXVII. Nos Procureur & Avocats Généraux en nôtredit Parlement se transporteront, quand ils le jugeront à propos, & au moins une fois l'année, dans ladite Université, où ils indiqueront une Assemblée, dans laquelle ils examineront l'ordre qui s'y observe, & en cas de contravention aux Réglemens, ils en informeront nôtre Chancelier ou Garde des Sceaux pour nous en rendre compte.

Armes de l'Université

XXXVIII. Le Sceau de ladite Université sera écartelé, aux premier & quatriéme d'azur, semé de Fleurs-de-Lys d'or, à la bordure componée d'argent & de gueules, pour Bourgogne moderne: au deuxiéme & troisiéme bandé d'or & d'azur de six piéces, à la bordure de gueules, pour Bourgogne ancien, parti en chef au premier & deuxiéme de Bourgogne moderne & ancien, soutenu en pointe de gueules; sur le tout, Bourbon Condé d'azur, à trois Fleurs-de-Lys d'or, à bâton de gueules péri en bande, la Couronne Fleurdelisée, & l'Ecu environné de l'Ordre du Saint Esprit; le grand Ecusson timbré d'une Couronne Royale, & pour Légende, SIGILLUM UNIVERSITATIS BURGUNDIÆ: M. DCC. XXII.

XXXIX. Voulons au surplus que l'Edit du mois d'Avril 1679, & nos Déclarations des 6 Aout 1682, & 18 Janvier 1700, & autres Réglemens faits pour les autres Universitez de nôtre Royaume, soient exécutez dans tous leurs points dans ladite Université de Dijon, en ce qui n'est pas contraire au contenu dans ces Présentes: SI DONNONS EN MANDEMENT à nos amez & feaux les Gens tenans nôtre Cour de Parlement à Dijon, que ces Présentes ils ayent à faire lire, publier & enrégistrer, & le contenu en icelles faire garder & observer selon leur forme & teneur. Car tel est nôtre plaisir; en témoin de quoi Nous y avons fait mettre nôtre Scel. DONNE' à Versailles le vingtiéme jour de Septembre l'an de grace mil sept cens vingt-trois, & de nôtre Regne le neuviéme. *Signé*, LOUIS: *Et plus bas*: Par le Roi, PHELYPPEAUX.

Régistrées, oüi, & ce requérant le Procureur Général du Roi, à la diligence duquel copies desdites Lettres & du présent Arrêt seront envoyées dans tous les Bailliages & Siéges de ce Ressort, pour y être lües, publiées, pareillement régistrées & lesdites Lettres exécutées selon leur forme & teneur; enjoint aux Substituts dudit Procureur Général du Roi d'y tenir la main & certifier la Cour de leurs diligences dans quinze jours prochains. Fait en la Chambre des Vacations à Dijon, le dix-neuf Octobre mil sept cens vingt-trois: & ont été lesdites Lettres lües & publiées à l'Audience de ladite Chambre le Jeudi vingt-un du même mois. Signé, GUYTON.

EDIT DU ROI,

PORTANT Réglement pour l'Etude du Droit Canonique & Civil

LOUIS par la grace de Dieu, Roi de France & de Navarre A toûs presens & à venir, Salut. L'aplication que Nous avons été obligez de donner à la Guerre, que Nous avons soutenu contre tant d'Ennemis, ne nous a point empêchez de faire publier plusieurs Ordonnances pour la réformation de la Justice : A présent qu'il plaît à Dieu nous faire joüir d'une Paix glorieuse, Nous trouvant plus en état que jamais de donner nos soins pour faire regner la Justice dans nos Etats, Nous avons crû ne pouvoir rien faire de plus avantageux pour le bonheur de nos Peuples, que de donner à ceux qui se destinent à ce ministére, les moyens d'acquerir la Doctrine & la capacité nécessaires, en leur imposant la nécessité de s'instruire des Principes de la Jurisprudence, tant des Canons de l'Eglise & des Loix Romaines, que du Droit François. Ayant d'ailleurs reconnu que l'incertitude des Jugemens, qui est si préjudiciable à la fortune de nos Sujets, provient principalement de ce que l'Etude du Droit Civil a été presque entierement négligée depuis plus d'un siécle dans toute la France, & que la profession publique en a été discontinuée dans l'Université de Paris. Sçavoir faisons, que Nous pour ces causes & autres, à ce Nous mouvans, de l'avis de nôtre Conseil, & de nôtre certaine science, pleine puissance & autorité Royale ; Avons dit, statué & ordonné, disons, statuons & ordonnons par ces Presentes signées de nôtre main.

I.

Que dorénavant les Leçons publiques du Droit Romain, seront rétablies dans l'Université de Paris, conjointement avec celles du Droit Canonique, nonobstant l'Article 69 de l'Ordonnance de Blois, & autres Ordonnances, Arrêts & Réglemens à ce contraires, ausquels Nous avons dérogé à cet égard.

II.

Qu'à commencer à l'Ouverture prochaine, qui se fera des Ecoles, suivant l'usage des lieux, le Droit Canonique & Civil sera enseigné dans toutes les Universitez de nôtre Royaume & Pays de nôtre obéissance, où il y a Faculté de Droit ; & que dans celles où l'exercice en auroit été discontinué, il y sera rétabli.

III.

Et afin de renouveller les Statuts & Réglemens, tant de la Faculté de Paris que des autres, & de pourvoir à la Discipline desdites Facultez, à l'ordre & distribution des Leçons & à l'entretien des Professeurs : Voulons & ordonnons, qu'après la publication qui sera faite des Présentes, il sera tenu une Assemblée dans chacune desdites Facultez, en presence de ceux qui auront ordre d'y assister de nôtre part, pour nous donner avis sur toutes les choses qui seront estimées utiles & nécessaires pour le rétablissement desdites Etudes du Droit Canonique & Civil.

IV.

Enjoignons aux Professeurs de s'apliquer particulierement à faire lire & faire entendre par leurs Ecoliers, les Textes du Droit Civil & les anciens Canons, qui servent de fondement aux Libertez de l'Eglise Gallicane.

V.

Défendons à toutes personnes, autres que lesdits Professeurs, d'enseigner & faire Leçon publiquement dudit Droit Canonique & Civil, à peine de trois mille livres d'amende, aplicable moitié aux Professeurs, & l'autre moitié à nôtre profit, d'être déchûs de tous les Degrez qu'ils pouroient avoir obtenu, & d'être déclarez incapables d'en obtenir aucuns à l'avenir : Ce que Nous voulons avoir aussi lieu contre ceux qui prendroient les Leçons desdits Particuliers.

VI.

Déclarons que nul ne poura prendre aucuns Degrez, ni Lettres de Licence en Droit Canonique ou Civil, dans aucunes des Facultez de nôtre Royaume & Pays de nôtre obéïssance, qu'il n'ait étudié trois années entieres, à compter du jour qu'il se fera inscrit sur le Régistre de l'une desdites Faculté; qu'il n'ait assisté à deux Leçons differentes par jour, pendant lesdites trois années, & qu'il n'ait écrit ce qui sera dicté par lesdits Professeurs; desquels il sera tenu de prendre à la fin desdites trois années les Attestations, & de les faire enrégistrer au Greffe de la Faculté dans laquelle il aura étudié.

VII.

Ordonnons, que ceux qui voudront prendre les Degrez, seront tenus après deux années d'étude, de subir un Examen particulier : Et s'ils sont trouvez suffisans & capables, ils soutiendront un Acte publiquement, pendant deux heures au moins, pour être reçûs Bacheliers. Et pour obtenir les Lettres de Licence, ils subiront un second Examen à la fin desdites trois années d'étude; après lequel ils soutiendront un Acte public, & répondront tant du Droit Canonique que Civil, pendant trois heures au moins.

E

VIII.

Que ceux qui voudront être Docteurs dans lesdites Facultez, feron[t] tenus de foutenir un troifiéme Acte un an aprés celui des Licences, & de répondre pendant quatre heures fur differentes matiere[s] de l'un & l'autre Droit.

IX.

A l'égard des Ecclefiaftiques qui ne voudront obtenir les Degre[z] qu'en Droit Canon, ils pourront feulement répondre dudit Droit fans néanmoins que ceux qui voudront requerir des Bénéfices e[n] vertu de leurs Degrez, puiffent prétendre que lefdites trois année[s] d'études, foient fuffifantes au préjudice du tems requis par les Concordats & Arrêts, aufquels Nous n'entendons déroger à cet égard.

X.

Voulons que dans chacune defdites Facultez, il foit tenu de[s] Affemblées de Profeffeurs, Docteurs & Aggregez, à certains jour[s] prefcrits, pour recevoir les Supliques de ceux qui voudront pren[-] dre les Degrez, pour leur donner des Examinateurs & Préfidens particuliérement pour donner leur voix par Scrutin, pour l'admif[-] fion des Bacheliers, Licentiez, ou Docteurs qui auront foutenu, lef[-] quels en cas d'incapacité, feront renvoyez pour étudier pendan[t] fix mois, ou un an : Et fera procedé audit Scrutin par lefdits Pro[-] feffeurs, Docteurs & Aggregez qui auront affifté aufdits Actes avec toute la rigueur & exactitude requifes, dont Nous chargeon[s] leur honneur & confcience.

XI.

Défendons trés-expreffément aufdits Profeffeurs de manquer [à] leurs Leçons, fous prétexte de préfider ou affifter aufdits Actes[,] lefquels fe feront dans les Salles à ce deftinées, à tels jours & heu[-] res qui ne puiffent interrompre l'ordre defdites Ecoles.

XII.

Défendons pareillement aufdits Profeffeurs de difpenfer qui qu[e] ce foit des Réglemens, ni de donner les Atteftations des année[s] d'étude, qui ne foient trés-véritables, à peine contre lefdits Pro[-] feffeurs de privation de leurs Charges, & contre ceux qui f[e] ferviroient defdites difpenfes & fauffes Atteftations, d'être déchû[s] de leurs Degrez, & déclarez incapables d'en obtenir.

XIII.

Pour exciter d'autant plus lefdits Profeffeurs à faire leur de[-] voir, voulons & ordonnons que ceux defdits Profeffeurs qui au[-] ront enfeigné pendant vingt années, foient reçûs dans toutes le[s] Charges de Judicature fans Examen, & que l'Ancien de chacune def[-] dites Facultez, aprés avoir enfeigné vingt ans entiers, ait entrée &

voix délibérative dans l'un des Siéges, Bailliages ou Préfidiaux, en vertu des Lettres que Nous lui en ferons expédier.

XIV.

Et afin de ne rien obmettre de ce qui peut fervir à la parfaite inftruction de ceux qui entreront dans les Charges de Judicature, Nous voulons que le Droit François contenu dans nos Ordonnances & dans les Coutumes, foit publiquement enfeigné; & à cet effet Nous nommerons des Profeffeurs qui expliqueront les Principes de la Jurifprudence Françoife, & qui en feront des Leçons publiques, aprés que Nous aurons donné les ordres néceffaires pour le rétabliffement des Facultez de Droit Canonique & Civil.

XV.

Et parce qu'il importe de pourvoir à ce que nul par artifice ou autrement, ne puiffe être difpenfé d'étudier pendant les années prefcrites par nôtre préfente Déclaration, avec l'affiduité que Nous défirons; Voulons que ceux qui étudieront dans toutes les Univerfitez de nôtre Royaume, foient tenus de s'infcrire de leur main quatre fois par an, dans un Régiftre qui fera pour cet effet tenu dans chaque Univerfité, & d'écrire auffi de leur main la premiere fois le jour qu'ils auront commencé d'étudier, & les autres fois qu'ils ont continué leurs études; outre lequel Régiftre feront tenus tous les trois mois des Cayers, où lefdits Ecoliers écriront auffi de leur main la même chofe que fur le Régiftre; lefquels Cayers feront envoyez par le Greffier des Univerfitez aux Officiers du Parquet de nos Parlements, dans le Reffort defquels font fituées lefdites Univerfitez, ainfi qu'il s'eft pratiqué ci-devant à l'égard des Univerfitez du Reffort du Parlement de Paris: deffendons à nos Avocats & Procureurs Généraux de vifer aucune Licence, qu'ils n'ayent auparavant vérifié que ceux qui les ont obtenuës, ont actuellement étudié le tems porté par nôtre préfente Déclaration: & à l'égard de ceux qui auront obtenu des Licences dans une Univerfité qui ne fera pas du Reffort du Parlement où ils voudront être reçûs Avocats, ils feront tenus de raporter une Atteftation en bonne forme, des Officiers du Parquet du Parlement dans le Reffort duquel l'Univerfité dont ils auront obtenu les Licences fera fituée, portant qu'ils fe font infcrits fur les feüilles de ladite Univerfité, & qu'ils ont accompli le tems d'étude porté par nôtre préfente Déclaration: Autrement défendons à tous Avocats de les préfenter au ferment d'Avocat; & à nos Cours de les recevoir, & déclarons leurs réceptions nulles.

XVI.

Ordonnons que les matricules d'Avocats feront infcrites & expédiées fur le dos des Lettres de Licence, lefquelles feront vifées par nos Avocats & Procureurs Généraux, & que ceux qui voudront entrer dans les Charges de Judicature, seront tenus après avoir prêté le serment d'Avocat, d'assister assidûement aux Audiences des Cours & Siéges où ils feront leur demeure, pendant deux ans au moins, & d'en prendre les Attestations en bonne forme chaque année, tant de nos Avocats que du Bâtonnier ou Doyen des Avocats.

XVII.

Que les Attestations du tems d'étude, dûëment régistrées au Greffe desdites Facultez, les Lettres de Bachelier & de Licentié endossées du serment d'Avocat, & les Certificats d'assiduité aux Audiences pendant deux années, feront attachées fous le Contre-fcel de toutes les Provisions des Charges de Judicature, dans lefquelles en outre il fera mis une claufe exprefse, que ceux qui n'auront pas fatisfait à nôtre prefente Déclaration, feront fujets aux mêmes peines que ceux qui ont des parents au degré prohibé par l'Ordonnance, ou n'ont pas l'âge prefcrit par icelle : Voulons même que nos Procureurs Généraux ou leurs Subftituts puiffent, en cas que l'on doute de la verité du contenu defdites Atteftations, Lettres & Certificats, requerir d'office, vérifications en être faites à leur diligence.

XVIII.

Enjoignons à toutes nos Cours & Siéges de vacquer à l'avenir avec soin & exactitude, à l'Examen des Officiers qui s'y prefenteront pour être reçûs ; leur deffendons d'en recevoir deux en même tems ; & ordonnons que les Compagnies feront tenuës de s'affembler à huit heures précifes du matin ou à deux heures après midi, en cas de furcharge d'affaires feulement, pour procéder aufdits Examens & réceptions, & qu'au même tems que l'on donnera la Loi, ou qu'elle fera portée dans les autres Chambres, il fera député nombre fuffifant en chacune defdites Compagnies, & deux Confeillers au moins de chaque Chambre dans les Compagnies où il y en aura plufieurs, pour difputer contre l'Officier qui fe prefentera, tant fur la Loi que fur les fortuites & la Pratique.

XIX.

Et confidérant que plufieurs perfonnes fans avoir fait aucune étude de Droit, ayant fuivant la pratique ordinaire, obtenu des Lettres de Licence, & enfuite prêté le ferment d'Avocat, il ne feroit pas convenable au bien & à l'adminiftration de la Juftice, qu'ils pûffent être admis aux Charges de Judicature, fans avoir acquis les connoiffances néceffaires pour ce Miniftére: Voulons & ordonnons, que nonobftant lefdites Lettres de Licences & Matricules d'Avocats, ceux qui voudront entrer dans lefdites Charges de Judicature foient tenus : Sçavoir, ceux qui au premier jour de la prefente année, auront au

moins

moins l'âge de vingt ans accomplis, de faire leurs études de Droit pendant le tems porté par nôtre presente Déclaration ; de subir les Examens, & soutenir des Actes pour obtenir de nouvelles Licences & Matricules d'Avocats, & satisfaire à tout ce qui est porté par nôtre Déclaration. Et ceux qui se seront trouvez dans un âge au delà desdits vingt
ans accomplis, d'assister assiduëment & sans aucune intermission, aux
Audiences des Cours & Siéges de leur demeure, pendant quatre années consécutives, si tant il leur en reste, pour parvenir à l'âge convenable pour être pourvû desdites Charges de Judicature. Et qu'à l'é-
gard de ceux qui n'ont point obtenu lesdites Lettres de Licence, ni
prêté le serment d'Avocat, & qui seront trop âgez pour employer les
années prescrites par nôtredite presente Déclaration, jusques à ce
qu'ils puissent entrer en Charge, ils soient tenus dans un mois, du
jour de la publication des Presentes, de représenter leur Extrait Baptistaire pardevant le Juge ordinaire de leur domicile, de le faire enrégistrer au Greffe de la Faculté de Droit dans laquelle ils voudront
étudier, & d'employer le tems qui leur reste, jusques à ce qu'ils puissent être pourvûs de Charges de Judicature, tant à assister aux Audiences des Cours & Siéges où seront situées lesdites Facultez, qu'à
prendre deux Leçons publiques par jour au moins, pour ensuite obtenir les Degrez de Bachelier & de Licentié, suivant les intervales
qui seront réglées à proportion de leurs âges.

X X.

Et en conséquence, deffendons dés-à-present à toutes les Facultez
de Droit du Royaume & Pays de nôtre obéïssance, de délivrer aucunes Lettres de Licence en Droit Canonique & Civil, & à nos Cours
de recevoir qui que ce soit au serment d'Avocat, que conformément
à nôtre presente Déclaration. Ordonnons à cet effet, que les Régistres desdites Facultez de Droit seront clos & paraphez par les Lieu-
tenants Généraux des Siéges dans le Ressort desquels lesdites Facultez sont situées, en presence des Substituts de nos Procureurs Généraux esdits Siéges, & qu'il en sera usé de même és Régistres des Matricules des Avocats, par un des Conseillers de nos Cours de Parlemens, qui sera à ce commis, aussi en presence de nos Procureurs Généraux en icelles, le tout aussi-tôt que la presente Déclaration
sera publiée dans nosdites Cours, & aura été envoyée dans les Bailliages & Sénéchaussées. Desquels Régistres des Facultez de Droit &
des Matricules d'Avocats, ainsi clos & paraphez, nosdits Procureurs
Généraux & leurs Substituts, chacun en droit soi, envoyeront incessamment des copies figurées & collationnées par les Lieutenans Généraux des Siéges & Conseillers de nosdites Cours qui les auront paraphez, à nôtre trés-cher & féal le Sieur le Tellier Chancelier de

F

France. Si donnons en mandement à nos amez & feaux les Gens t
nans nôtre Cour de Parlement de Paris, Baillis, & Sénéchaux,
tous autres nos Justiciers & Officiers qu'il appartiendra, que ces Pr
sentes ils ayent à enrégistrer, & le contenu en icelles faire entret
nir, garder & observer selon leur forme & teneur, sans y contrev
nir, ni souffrir qu'il y soit contrevenu en quelque sorte & manie
que ce soit. Car tel est nôtre plaisir; Et afin que ce soit chose ferm
& stable à toujours, Nous avons fait mettre nôtre Scel à cesdites Pr
sentes. Donné à Saint Germain en Laye au mois d'Avril, l'an
grace mil six cens soixante & dix-neuf, & de nôtre Regne le trent
sixiéme. *Signé*, LOUIS: Par le Roi, COLBERT; & scellées
grand Sceau de Cire verte.

Régistré en Parlement à Dijon, le 9 Juillet 1679.

LETTRES PATENTES DU ROI,

*PORTANT ampliation de l'Edit du mois d'Avril 1679
pour l'Etude du Droit Civil & du Droit Canon.*

LOUIS par la grace de Dieu, Roi de France & de Navarr
A tous ceux qui ces Presentes verront, SALUT. Nous avo
considéré comme la principale de nos obligations celle de fai
regner la Justice dans nos Etats; & afin de donner à ceux qui
destinent à ce Ministere les moyens d'acquérir la capacité conv
nable, & leur imposant la nécessité de s'instruire des principes de
Jurisprudence, tant des Canons & du Droit Romain que du Dr
François, Nous avons par nôtre Edit du mois d'Avril dernie
fait les Réglemens que Nous avons crû nécessaires, tant po
le rétablissement des Leçons que pour le tems des Etudes; & bi
que par icelui nôtredit Edit, Nous ayions expliqué que nu
pouroit être pourvû d'aucune Charge de Judicature, sans fai
aparoir de ses Lettres de Licence endossées du serment d'Avoca
neanmoins parce qu'il n'a point été particulierement fait menti
des Juges que les Seigneurs ayant droit de Justice établissent da
leurs Terres, ni des Officiaux qui sont établis par les Evêques da
leurs Diocéses; & qu'il n'importe pas moins qu'ils ayent chac
à leur égard la Doctrine & la capacité nécessaire pour leur Mini
tere: Sçavoir faisons, que Nous pour ces causes & autres à

Nous mouvans, de nôtre certaine science, pleine puissance & autorité Royale, en amplifiant nôtredit Edit dudit mois d'Avril dernier, Nous avons dit, déclaré & ordonné ; disons, déclarons & ordonnons par ces Presentes signées de nôtre main, voulons & Nous plaît, qu'à l'avenir, & vacation arrivant des Charges de Bailli, Sénéchal, Prevôt, Châtelain ou autres Chefs de Justices Seigneuriales de nôtre Royaume, qui sont tenuës en Pairies, ou dont l'Apel ressortit nuëment en nos Cours de Parlement en matiere Civile, nul ne puisse être pourvû desdites Charges, s'il n'est Licentié & n'a fait le serment d'Avocat, dont il raportera la Matricule : Voulons pareillement qu'aucun Ecclésiastique ne puisse à l'avenir être admis & faire la fonction d'Official, qu'il ne soit Licentié en Droit Canon, le tout à peine de nullité des Sentences & Jugemens qui seront rendus par lesdits Juges & Officiaux : Et parce qu'il pouroit arriver que ceux de nos Sujets qui voudroient se faire pourvoir des Charges de Judicature, pour s'exemter d'étudier pendant le tems qui est porté par l'Article VI. de nôtredit Edit, pouroient aller prendre des Attestations d'études dans les Universitez étrangéres, & mêmes des Degrez & des Lettres de Licence, pour être ensuite reçûs Avocats ; ce que voulant prévenir & pourvoir à l'entiere exécution de nôtredit Edit, Nous, de la même puissance & autorité que dessus, avons dit & ordonné, disons & ordonnons, voulons & Nous plaît, que nos Sujets de quelque qualité qu'ils soient, ne puissent être reçûs à prendre aucuns Degrez ni Lettres de Licence esdites Facultez de Droit Civil & Canonique en vertu des Certificats ou Attestations d'études qu'ils auroient obtenu és Universitez situées és Royaumes & Pays étrangers, ni particulierement être reçûs au serment d'Avocat sur les Degrez és Lettres de Licence qu'ils pouroient avoir obtenu dans les mêmes Universitez étrangéres ; mais seront tenus de faire les années d'études, soutenir les Actes, & satisfaire à tout ce qui est porté par nôtredit Edit ; pouront neanmoins les étrangers être admis aux études dans les Universitez de nôtre Royaume, & même y prendre les Degrez en vertu des Attestations du tems des études d'une ou plusieurs années dans les Universitez étrangéres, bien & dûëment signées & légalisées ; mais ne pouront lesdits Degrez leur servir dans nôtre Royaume : Et à cet effet sera fait mention dans lesdites Lettres de Licence desdits Certificats & Attestations d'études faites dans lesdites Universitez étrangéres. SI DONNONS EN MANDEMENT à nos amez & feaux les Gens tenans nôtre Cour de Parlement de Dijon, que ces Presentes ils ayent à faire enrégistrer, & le contenu en icelles faire entretenir, garder & ob-

ferver, fans permettre qu'il y foit contrevenu en quelque forte &
maniere que ce foit. Car tel eft nôtre plaifir : En témoin de quoi
Nous avons fait mettre nôtre Scel à cefdites Prefentes. Donne'
à Saint Germain en Laye le 16 Janvier l'an de grace 1680, &
de nôtre Regne le 38. *Signé*, LOUIS, *& fur le repli*, Par le Roi,
Phelypeaux, & fcellées du grand Seau de cire jaune fur double
queüe de parchemin pendante.

Régiftré en Parlement à Dijon, le 11 Décembre 1680.

ARREST DU CONSEIL D'ETAT DU ROI,

*PORTANT l'établiffement des Docteurs Aggregez dant les Fa-
cultez de Droit du Royaume, leurs Droits & Fonctions.*

Du 23 Mars 1680.

LE Roi s'étant fait reprefenter les Procés verbaux & Mémoires
envoyez par les Sieurs Commiffaires départis dans les Généra-
litez du Royaume, en exécution de l'Article troifiéme de l'Edit de
1679 pour le rétabliffement des Etudes du Droit Canonique & Civil,
& voulant établir & affurer la difcipline dans toutes les Facultez de
Droit Canonique & Civil des Univerfitez de fon Royaume, en y
ajoutant un nombre fuffifant de Docteurs Aggregez, lefquels avec les
Profeffeurs puiffent affifter aux Examens, aux difputes des Théfes,
aux Affemblées pour les réceptions & autres fonctions defdites Facultez. Sa Majeste' etant en son Conseil a ordonné
& ordonne, qu'à l'avenir toutes les Facultez de Droit Canonique
& Civil feront compofées de ceux qui ont droit d'en être, des
Profeffeurs, & d'un nombre de Docteurs Aggregez qui feront au
moins le double en nombre defdits Profeffeurs ; Et qu'à cet effet
lefdits Docteurs Aggrégez feront choifis & propofez à Sa Majefté
pour la premiere fois par les Sieurs Intendans ou Commiffaires
départis dans les Provinces, chacun dans fon Département, fuivant les avis & informations qui leurs feront donnez tant par les
Profeffeurs que par les principaux Magiftrats des lieux où lefdites
Facultez font établies ; & qu'à l'avenir lorfqu'il décédera ou manquera aucuns defdits Aggrégez dans l'une defdites Facultez, il y
fera pourvû par l'élection qui en fera faite par lefdites Facultez ;
à la charge que l'élu aura trente ans accomplis, fera Docteur en
Droit en l'une des Facultez du Royaume, & qu'il aura au moins
les

les suffrages des deux tiers des électeurs. Ordonne Sa Majesté que lesdits Docteurs Aggrégez seront choisis parmi ceux qui font profession d'enseigner le Droit Civil & Canonique dans les lieux où sont établies lesdites Facultez ; comme aussi parmi les Avocats & ceux qui fréquentent le Barreau, & même parmi les Magistrats & Juges honoraires des Siéges des lieux, lesquels seront en état & en volonté d'assister exactement aux Assemblées & fonctions desdites Facultez, dans lesquelles lesdits Aggrégez auront séance du jour de leur réception, après toutesfois les Professeurs, avec voix délibérative dans toutes les Assemblées ; assisteront aux Examens avec lesdits Professeurs ; se trouveront aux Théses & y pourront présider, donneront leurs avis pour les réceptions aux Degrez ; & seront tenus faire les Leçons publiques pendant la vacance d'aucune des Chaires desdits Professeurs par mort ou autrement, & jusqu'à ce qu'il y ait été pourvû, suivant les Statuts & Réglemens desdites Facultez. Ordonne Sa Majesté qu'il sera pourvû par les Réglemens qui seront faits dans chacune desdites Facultez, à l'ordre des fonctions desdits Agrégez, & à la maniere en laquelle ils seront choisis pour assister aux Examens, aux Théses, & autres emplois ; ensemble à leurs rétributions, qui seront insérées dans le tableau des droits de chacune desdites Facultez, pour leur assistance aux Examens & aux Théses seulement, sans qu'ils puissent prétendre aucune part aux émolumens & gages desdits Professeurs. Et voulant Sa Majesté donner le moyen ausdits Professeurs de recevoir partie des émolumens de leurs Chaires plus promtement & plus commodément, ordonne que la moitié des droits qui doivent être reçûs pour les Degrez de Baccalaureat & de Licence dans chacune desdites Facultez, suivant les Réglemens & le tableau, sera distribuée également & partagée pour chacune des matricules ou inscriptions qui doivent être faites sur les Régistres desdites Facultez, pendant les trois années d'étude ordonnées par ledit Edit, & qu'en conséquence du payement qui sera fait par tous les Ecoliers pour chacune des inscriptions sur lesdits Régistres, pareille somme leur sera déduite, moitié sur les droits de Degré de Bachelier, & moitié sur les droits du Degré de Licentié, lorsqu'ils prendront lesdits Degrez, à l'effet dequoi sera le tableau des droits de chacune desdites Facultez dressé incessamment. Veut Sa Majesté que dans chacune Université où il y a Faculté de Droit, lesdits Sieurs Intendants ou Commissaires départis dans les Provinces se fassent representer les titres des Fondations des Bourses destinées pour ceux qui étudient en Droit Canonique & Civil, & donnent incessamment avis à Sa Majesté de ce qui peut être fait pour l'execution desdites

G

Fondations, & pour la plus grande utilité defdites Facultez de Droit. Veut en outre Sa Majefté, que pour l'execution de l'Article XIV. dudit Edit, lefdits Sieurs Intendants ou Commiffaires départis envoient inceffamment à Monfieur le Chancelier les noms & les qualitez perfonnélles de ceux qu'ils eftimeront les plus capables d'être Profeffeurs en Droit François, foit que parmi le nombre des Profeffeurs defdites Facultez il y en eût quelqu'un qui pût enfeigner le Droit François conjointement avec la Leçon de Droit Civil ou Canonique qu'il eft déja obligé de faire, foit que dans le nombre des Avocats poftulants & autres perfonnes inftruits de la Jurifprudence Françoife, il s'en rencontre de capables, en les ajoutant au nombre des Profeffeurs defdites Facultez; & que lefdits Intendants ou Commiffaires départis donnent leurs avis fur ce qu'ils jugeront devoir être fait pour l'établiffement defdits Profeffeurs en Droit François dans chacune defdites Facultez de Droit, le plus avantageufement & plus promtement que faire fe poura. FAIT au Confeil d'Etat du Roi, Sa Majefté y étant, tenu à S. Germain en Laye le vingt-troifiéme jour de Mars mil fix cens quatre-vingt. *Signé*, COLBERT.

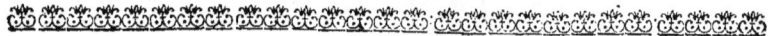

ARREST
DU CONSEIL D'ETAT DU ROI,
en forme de Réglement.

PORTANT l'établiffement de douze Docteurs Aggrégez en la Faculté des Droits Canonique & Civil en l'Univerfité de Paris ; & d'un Docteur Profeffeur en Droit François établi en la même Faculté ; avec leurs Fonctions, Droits & Prérogatives.

Du 16 Novembre 1680.

LE Roi étant en fon Confeil, s'étant fait reprefenter l'Arrêt rendu en icelui le 23 Mars dernier, par lequel Sa Majefté auroit ordonné, que dans toutes les Facultez de Droit Canonique & Civil de fon Royaume, il feroit établi des Docteurs Aggregez qui feroient choifis parmi ceux qui feroient la Profeffion d'enfeigner le Droit, & que leurs fonctions & rétributions feroient réglées; & voulant que fes intentions portées par ledit Arrêt foient exécutées. SA MAJESTE' E'TANT EN SON CONSEIL, en conféquence dudit Arrêt, a nommé pour Docteurs Aggregez dans la

Faculté de Droit Canonique & Civil de l'Université de Paris, les Sieurs Bocager, Paucis, de Gone, des Barrieres, du Ru, Piaulin, Mongin, le Gendre, Bonamour, Girard, Amiot, & Collefson, lefquels Docteurs Aggregez auront voix délibérative & féance dans toutes les Affemblées de ladite Faculté aprés les fix Profeffeurs, fans rien innover aux Droits utiles & Prérogatives defdits Profeffeurs, ni aux rangs & fonctions attribuez aux vingt-quatre Docteurs Honoraires de ladite Faculté par les Arrêts & Réglemens. Seront tenus lefdits Docteurs Aggregez de fe trouver & affifter à toutes les Affemblées & Délibérations de ladite Faculté avec les Profeffeurs, & neanmoins les voix defdits Aggregez ne pourront prévaloir par le nombre à celles defdits fix Profeffeurs ; & en cas d'égalité de voix & de partage, celui qui préfidera à la Délibération aura la voix conclufive ; ce qui n'aura lieu toutesfois quand l'on donne les fuffrages par bulletins. Lorfque les Prétendans aux Degrez prefenteront leurs Suppliques dans les Affemblées de la Faculté pour obtenir des Examinateurs, l'on tirera au fort deux des fix Profeffeurs, & deux des douze Docteurs Aggregez, pour procéder audit Examen fuivant les Statuts. Lefdits Docteurs Aggregez préfidéront alternativement & chacun à leur tour avec les Profeffeurs, aux Théfes de Baccalauréat ; & à l'égard des Théfes de Licence & de Doctorat, ils y pourront préfider au lieu du Profeffeur qui fera en tour, quand ils en feront par lui requis, fans qu'il foit néceffaire à cet égard d'obferver le tour des Aggregez, lefquels feront tenus d'affifter affiduëment à tous les Actes pendant quatre Argumens au moins, pour juger de la capacité du Répondant, & donner leurs fuffrages. Ils affifteront avec les Profeffeurs à l'ouverture de la Boëte, aprés les Actes, & figneront les Délibérations pour l'admiffion ou le refus, qui feront infcrites fur le Régiftre de la Faculté. Lorfqu'aucun defdits Profeffeurs ne poura faire les Leçons publiques par abfence ou autre empêchement légitime, il fubftituëra tel defdits Docteurs Aggregez qu'il voudra choifir pour faire les Leçons à fa place. Ceux defdits Docteurs Aggregez qui auront été employez par les Ecoliers pour les exercer en particulier, ne pourront être nommez pour les examiner ni donner leur voix à leur réception aux Degrez. Si aucun defdits Aggregez vient à négliger tellement les fonctions de la Faculté, qu'il paffe fix mois confécutifs fans y affifter, n'ayant aucune raifon légitime, ni de maladie, ni d'abfence, il en fera élû un autre en fa place en la maniere portée par l'Arrêt du 23 Mars 1680. Les droits des Aggregez feront payez entre les mains du Bedeau de la Faculté ; fçavoir, pour les deux Aggregez qui affifteront à l'Examen de Baccalaureat & de Licence, quatre livres.

Pour l'affiftance defdits Docteurs Aggregez aux Actes, à partager en
tre les prefens feulement, douze livres, & pour celui qui préfider
aux Actes de Baccalaureat à fon tour, fix livres, fans autres droi
ni participation aux émolumens apartenans aux fix Profeffeurs ;
comme en exécution de l'Article XIV. de l'Edit de 1679, Sa M
jefté a pourvû le Sieur de Launay ancien Avocat en la Cour
Parlement, de la Charge & Chaire de Profeffeur en Droit Fra
çois de ladite Faculté de Droit ; Ordonne Sa Majefté que dans to
tes les Affemblées & Délibérations de la Faculté de Droit Can
nique & Civil de l'Univerfité de Paris, il aura voix délibérativ
& féance entre le Doyen & le fecond Profeffeur de ladite F
culté, fans qu'il puiffe être Doyen ni participer aux émolume
defdits fix Profeffeurs. Qu'il fera tenu de faire l'ouverture des L
çons en même tems que les autres Profeffeurs, d'entrer les m
mes jours, & pendant une heure & demie au moins de l'apréfd
née, il dictera & expliquera en François le Droit François conten
dans les Ordonnances de Sa Majefté, & des Rois fes Prédéceffeurs
& dans les Coutumes. Que tous ceux qui voudront être reçûs a
ferment d'Avocat, feront tenus pendant l'une des trois années,
pour tenir lieu d'une des deux Leçons qui font d'obligation, d
prendre celle de Droit François, & à cet effet de s'infcrire fur
Régiftre de la Faculté, & d'obtenir à la fin de ladite année un
Atteftation particuliere dudit Profeffeur en Droit François, confo
mément à l'Article XV. de l'Edit de 1679 ; & que nul ne pour
être reçû au ferment d'Avocat, que ladite Atteftation d'une anné
d'Etude en Droit François ne foit jointe à fes Lettres de Licenc
Que ledit Profeffeur en Droit François, après vingt années
fonction continuë, aura voix délibérative & féance dans le Châ
telet de Paris après le Doyen des Confeillers; & à cet effet lu
en feront lors Lettres Patentes expédiées : & qu'en cas de vacanc
de ladite Chaire de Droit François, par mort ou autrement, le Pr
cureur Général au Parlement de Paris poura propofer trois perfon
nes qui ayent les qualitez & capacitez néceffaires, dont il donner
avis à Mr. le Chancelier; pour fur le compte qu'il en rendra à S.
Majefté, être par Elle choifie celle defdites trois perfonnes qu'Ell
eftimera à propos. Voulant Sa Majefté, que nul ne puiffe être nom
mé à ladite Charge & Chaire de Droit François, qu'il ne foi
Avocat, & n'ait fait les fonctions du Barreau au moins pendan
dix années avec affiduité & fuccés, ou qu'il n'ait pendant ledi
tems exercé une Charge de Judicature : Veut Sa Majefté que lorf
que ledit Profeffeur en Droit François ne poura faire les Leçons
par maladie, abfence, ou autre légitime empêchement, il puiffe
choifir

choifir l'un des Docteurs Aggregez pour faire ladite Leçon , &
pendant la vacance de ladite Chaire de Profeffeur en Droit François , par mort ou autrement , & jufqu'à ce qu'elle foit remplie ,
un defdits Docteurs Aggregez y fera fubftitué par Délibération de
ia Faculté , & les apointemens affectez à ladite Chaire lui feront
payez & diftribuez pour le tems qu'il l'aura remplie. MANDE
ET ORDONNE SA MAJESTE' aux Sieurs Boucherat , & de
Befons Confeillers d'Etat , de convoquer l'Affemblée de la Faculté
de Droit de l'Univerfité de Paris , & de faire enrégiftrer en leur
prefence le prefent Arrêt au Régiftre de ladite Faculté , pour être
exécuté felon fa forme & teneur ; & en outre de faire dans ladite Affemblée prêter le ferment aufdits Docteurs Aggregez , &
enfuite inftaller tant ledit de Launay dans la Charge & Chaire
de Profeffeur en Droit François , que lefdits Docteurs Aggregez.
Fait au Confeil d'Etat du Roi , Sa Majefté y étant , tenu à Verfailles le feiziéme jour de Novembre mil fix cens quatre-vingt.
Signé , COLBERT.

DECLARATION DU ROI,

*SUR l'exécution de l'Edit du mois d'Avril 1679 , pour le
rétabliffement des Etudes de Droit.*

Du 6 Aout 1682.

LOUIS par la grace de Dieu , Roi de France & de Navarre :
A tous ceux qui ces prefentes Lettres verront , SALUT. Nous aurions par nôtre Edit du mois d'Avril 1679, donné pour le rétabliffement
des Etudes du Droit Canonique & Civil dans toutes les Univerfitez de nôtre Royaume , ordonné entr'autres chofes par l'Article
III. qu'il Nous feroit donné avis par chacune des Facultez de Droit ,
de toutes les chofes qui feroient eftimées utiles & néceffaires pour
le rétabliffement des Etudes dudit Droit Canonique & Civil : &
par l'Article XIV. dudit Edit , Nous aurions déclaré que Nous vou-
lions que le Droit François contenu dans nos Ordonnances & dans
les Coutumes , fût publiquement enfeigné , & qu'à cet effet , Nous
nommerions des Profeffeurs qui feroient des Leçons publiques de
a Jurifprudence Françoife dans toutes lefdites Facultez ; & pour
affurer davantage l'exécution de nôtredit Edit , Nous aurions ordonné qu'il feroit ajouté dans toutes lefdites Univerfitez aux Profeffeurs de Droit un nombre fuffifant de Docteurs Aggregez , lef-

H

quels affifteroient avec lefdits Profeffeurs aux Examens, aux Théfes, aux réceptions des Afpirans & autres Affemblées & fonctions
defdites Facultez. Sur quoi il nous auroit été propofé de faire quelques Réglemens dans les Facultez de Droit de Paris, Orleans,
Bourges, Angers, Poitiers & Reims, concernant le rétabliffement
des Etudes de Droit, & la Difcipline defdites Facultez, & les
droits qui doivent être pris pour les Degrez ; Nous aurions auffi
fait choix de quelques perfonnes d'une capacité connuë, pour en
qualité de Docteurs Aggregez, compofer avec lefdits Profeffeurs &
Docteurs, le Corps defdites Facultez, & Nous aurions nommé un
Profeffeur de Droit François en chacune defdites Facultez ; Et voulant que ce que Nous avons fait pour l'entiere exécution de nôtredit Edit, & pour le rétabliffement des Etudes du Droit Canonique & Civil, & de la Difcipline defdites Facultez dans toutes les
Univerfitez de nôtre Royaume, foit inviolablement obfervé. A ces
causes & autres, à ce Nous móuvans, de nôtre propre mouvement,
pleine puiffance & autorité Royale, avons dit, déclaré & ordonné,
difons, déclarons & ordonnons par ces Prefentes fignées de nôtre
main, Voulons & Nous plaît.

ARTICLE I.

Que les Articles fervant de Réglement pour les Facultez de Droit
Canonique & Civil des Univerfitez de Paris, Orleans, Bourges,
Angers, Reims & Poitiers, ci-attachez fous le contre-Scel de nôtre
Chancellerie, foient exécutez felon leur forme & teneur, & ajou-
tez aux anciens Statuts & Réglemens defdites Facultez, lefquels
au furplus feront obfervez ainfi que par le paffé, en ce qu'ils ne
font contraires à nôtredit Edit & aux Prefentes.

II.

Voulons que les Docteurs Aggregez, par Nous nommez & établis dans lefdites Facultez, foient du corps d'icelles, qu'ils y ayent
féance & voix délibérative dans toutes les Affemblées, après les
Profeffeurs, fans rien innover aux droits utiles & prérogatives
defdits Profeffeurs ; & neanmoins les voix defdits Aggregez ne
pourront prévaloir par le nombre à celles defdits Profeffeurs ; & en
cas d'égalité de voix & de partages, celui qui préfidera à la Délibération aura la voix conclufive, fi ce n'eft que les Suffrages
foient donnez par bulletins.

III.

Lorfque les prétendants aux Degrez prefenteront leurs fupliques
aux Affemblées pour obtenir des Examinateurs, l'on tirera au fort
deux defdits Profeffeurs, & deux des Docteurs Aggregez pour procéder audit Examen fuivant les Statuts.

I V.

Les Docteurs Aggregez préfideront alternativement & chacun à leur tour, avec les Profeffeurs, aux Théfes de Baccalaureat; & à l'égard des Théfes de Licence & de Doctorat ils y pouront préfider au lieu du Profeffeur qui fera en tour, quand ils en feront par lui requis, fans qu'il foit néceffaire à cet égard d'obferver le tour defdits Aggregez.

V.

Lorfqu'aucun defdits Profeffeurs ne poura faire les Leçons publiques par abfence ou autre empêchement légitime, il fera fubftitué l'un defdits Docteurs Aggregez pour faire lefdites Leçons.

V I.

Seront tenus lefdits Docteurs Aggregez d'affifter affiduëment à tous les Actes pendant quatre Argumens au moins, pour juger de la capacité du Répondant & donner leurs fuffrages, & enfuite ils affifteront avec les Profeffeurs à l'ouverture de la boëte après les Actes, & figneront les Délibérations pour l'admiffion ou le refus, qui feront infcrites fur le Régiftre defdites Facultez.

V I I.

Si aucun defdits Aggregez vient à négliger tellement les fonctions de la Faculté, qu'il paffe fix mois confécutifs fans y affifter, il en fera élû un autre en fa place.

V I I I.

Les Docteurs Aggregez qui auront été employez par les Ecoliers pour les exercer en particulier, ne pouront être nommez pour les examiner, ni donner leurs voix à leur réception aux Degrez dans lefdites Facultez.

IX.

Lorfqu'il décédera ou manquera aucuns defdits Aggregez, il y fera pouvû par l'élection qui fera faite defdites Facultez, à la charge que l'Elû aura trente ans accomplis, qu'il fera Docteur en Droit en l'une des Facultez du Royaume, & qu'il aura au moins les fuffrages des deux tiers des électeurs; & feront lefdits Aggregez choifis parmi ceux qui font profeffion d'enfeigner le Droit Canonique & Civil dans les lieux où font établies lefdites Facultez, ou entre les Avocats frequentans le Barreau, & même entre les Magiftrats & Juges honoraires des Siéges des lieux.

X.

Les droits defdits Aggregez feront payez entre les mains du Bedeau de chacune Faculté, fuivant le Tableau qui en fera fait, & fans aucune diminution des droits & émolumens apartenants aux Profeffeurs.

XI.

Ordonnons que le Profeſſeur du Droit François, & ceux que Nous nommerons à l'avenir, feront du Corps defdites Facultez, & auront voix délibérative dans toutes les Aſſemblées & féance entre, le plus ancien & fecond Profeſſeur, ſans qu'il puiſſe devenir Doyen, ni participer aux gages & émolumens defdits Profeſſeurs.

XII.

Le Profeſſeur du Droit François fera tenu de faire l'ouverture des Leçons en même tems que les autres Profeſſeurs, & d'entrer les mêmes jours, & pendant une heure & demie de l'apréſdinée, au moins, il dictera & expliquera en Langue Françoiſe le Droit contenu dans nos Ordonnances & de nos Prédéceſſeurs, & dans les Coutumes.

XIII.

Ordonnons que tous ceux qui voudront être reçûs au ferment d'Avocat, feront tenus de prendre la Leçon du Droit François pendant l'une des trois années d'Etude ordonnées par nôtre Edit du mois d'Avril 1679, laquelle tiendra lieu d'une des Leçons qui font d'obligation; & à cet effet feront tenus les Etudians de s'inſcrire fur les Régiſtres des Facultez, conformément à l'Article XVIII. de nôtredit Edit, & d'obtenir à la fin de ladite année une Atteſtation particuliere dudit Profeſſeur en Droit François, laquelle fera jointe aux Lettres de Licence, à peine de nullité, & pour laquelle Atteſtation le Profeſſeur du Droit François recevra fix livres de chacun defdits Etudians.

XIV.

Ordonnons que lefdits Profeſſeurs du Droit François de chacune defdites Facultez, aprés avoir enfeigné pendant vingt années conſécutives, auront voix délibérative & féance dans le Siége Royal de la Ville dans laquelle ils auront enfeigné, & qu'à cet effet toutes Lettres Patentes leur feront expédiées, Nous réfervant neanmoins d'abréger le tems defdites vingt années en faveur de ceux qui l'auront mérité par leur aplication & leur capacité dans la fonction de Profeſſeur du Droit François.

XV.

Voulons qu'en cas de vacance defdites Chaires du Droit François, par mort ou autrement, nos Avocats & Procureur Général de nôtre Cour de Parlement de Paris puiſſent propoſer à nôtre amé & féal Chancelier de France, trois perſonnes qui ayent les qualitez néceſſaires, pour fur le compte qu'il Nous en rendra, être par Nous choiſi celle des trois perſonnes que Nous eſtimerons la plus digne, ſans qu'aucun puiſſe être nommé auſdites Charges &

Chaires

Chaires de Profeſſeur de Droit François, qu'il ne ſoit Avocat & n'ait fait les fonctions du Barreau, au moins pendant dix années avec aſſiduité & ſuccés, ou qu'il n'ait pendant ledit tems exercé une Charge dans nos Juſtices.

XVI.

Pour donner moyen aux Profeſſeurs de recevoir partie des émolumens de leurs Chaires plus promtement & commodément, ordonnons que la moitié des droits qui doivent être payez pour les degrez de Baccalaureat & de Licence dans chacune deſdites Facultez, ſera diſtribuée également & partagée pour chaque matricule ou inſcriptions qui feront faites ſur les Régiſtres deſdites Facultez pendant les trois années d'étude, conformément à nôtredit Edit, & qu'en conſéquence du payement qui ſera fait par tous les Etudians pour chacune deſdites inſcriptions, pareille ſomme leur ſera déduite, moitié ſur les droits du Degré de Bachelier, & moitié ſur les droits pour les Lettres de Licence, lorſqu'ils prendront leſdits Degrez, ce qui ſera marqué ſur le tableau des droits de chacune deſdites Facultez.

XVII.

Afin que ceux qui ne pourroient ſans ſecours employer les années portées par nôtredit Edit pour les Etudes de Droits, ayent moyen de ſubſiſter, ordonnons que les places & bourſes fondées dans toutes les Univerſitez de nôtre Royaume pour les Etudians en Droit, ne puiſſent être remplies par d'autres, & que ceux qui ont droit d'y nommer & preſenter ſoient tenus inceſſamment de le faire en faveur des pauvres Ecoliers qui ayent étudié és Lettres Humaines & en Philoſophie, pour joüir deſdites bourſes pendant trois années conſécutives ſeulement par ceux qui ne prendront que les Degrez de Bachelier & Licentié en Droit, & juſqu'à cinq ans par ceux qui ſeront pourvûs deſdites bourſes, d'employer le tems d'étude conformément à nôtredit Edit & Réglement deſdites Facultez : ſinon & à faute de ce faire, ſeront exclus deſdites bourſes, auſquelles il ſera inceſſamment pourvû par ceux qui ont droit d'y nommer d'autres perſonnes étudiantes en Droit; & pour éviter à l'avenir qu'il ne ſe commette aucuns abus à cet égard, Nous ordonnons aux Principaux deſdits Colléges où ſont fondées leſdites bourſes deſtinées aux Etudians en Droit, de ſe faire repreſenter exactement par leſdits Etudians les Atteſtations des Profeſſeurs de la Faculté où ils prendront leurs Leçons, & d'envoyer à nôtre Procureur Général par chacun an, à la Fête S. Martin, un Certificat contenant le nombre des bourſes deſtinées aux Etudians en Droit, le nom de ceux qui les rempliſſent & le tems de leurs études, &

I

en conséquence enjoignons à nôtredit Procureur Général de tenir la main à l'exécution de ce que dessus.

XVIII.

Deffendons aux Docteurs Aggregez, & à tous autres dans les Facultez de Droit de nôtre Royaume, d'enseigner publiquement ni assembler des Ecoliers chez eux, sous les peines portées par nôtredit Edit : mais pourront seulement aller dans les maisons de ceux qui voudront faire des répétitions particuliéres.

XIX.

Pour exciter l'aplication & l'émulation de ceux qui font profession desdites Etudes de Droit, Nous voulons & ordonnons qu'à l'avenir vacation arrivant d'aucunes des Chaires de Professeur dans lesdites Facultez de nôtre Royaume, nul n'en puisse être pourvû que par la voie de la dispute & du concours, conformément aux Statuts & Reglemens de chacune desdites Facultez.

XX.

Ordonnons qu'à l'avenir nul Officier de Judicature ne poura être élû pour remplir les Chaires de Professeur dans lesdites Facultez, si ce n'est qu'il n'ait résigné sa Charge & soit seulement Honoraire : ne pourront aussi aucuns desdits Professeurs être pourvûs de Charges de Judicature, si ce n'est de celle d'Avocat du Roi dans les Siéges où sont établies lesdites Facultez.

XXI.

Comme Nous avons été informé que quelques personnes se font inscrire sur les Régistres desdites Facultez, pendant même qu'ils étudient encore en Philosophie ou en Humanitez, ce qui éluderoit entierement le fruit de nôtredit Edit, Nous voulons que pour empêcher ce désordre, nul ne puisse s'inscrire sur lesdits Régistres pour commencer l'étude de Droit, qu'il n'ait atteint l'âge de dix-huit ans accomplis, dont ils feront aparoître ausdits Professeurs par leurs Extraits Baptistaires légalisez par les Juges des lieux, à peine de nullité ; ordonnons même que les inscriptions qui ont été faites jusqu'à present auparavant ledit âge, soient nulles & de nul effet.

XXII.

Voulons en outre que nul Ecolier ne puisse obtenir aucun des Degrez de Bachelier ou de Licentié, qu'il n'ait étudié au moins une année dans l'Université où il prendra ledit Degré ; & que pour le surplus du tems d'étude qu'il a faite dans les autres Universitez, il ne raporte outre les Extraits de ses immatricules, les Attestations des Docteurs de ladite Université, portant qu'il a étudié avec assiduité, & qu'ils ont vû les Cayers écrits de la main desdits Ecoliers, suivant l'Article VII. de nôtredit Edit ; & en cas qu'aucun ait été refusé ou renvoyé pour étudier, il ne poura obtenir ses Degrez qu'en la même Faculté où il aura été refusé ou remis à étudier, sous peine de nullité. Et seront tenus les Professeurs à la fin de chacune année de donner Certificat aux Ecoliers de l'étude qu'ils auront faite chez eux.

XXIII

Pour ne pas exclure entierement ceux qui ont vingt-sept ans passez, de prendre des Degrez en Droit Canonique & Civil, voulons & ordonnons qu'ils puissent en justifiant par leurs Extraits Baptistaires en bonne forme qu'ils ont vingt-sept ans, se presenter pour subir les Examens & soûtenir les Théses, & obtenir les Degrez de Bachelier & de Licentié dans l'intervale de trois en trois mois, & s'ils sont trouvez suffisans & capables, les Lettres de Bachelier & de Licentié leur seront expédiées, sur lesquelles ils pourront être reçûs au serment d'Avocat. SI DONNONS EN MANDEMENT à nos amez & feaux les Gens tenant nôtre Cour de Parlement de Paris, que ces Presentes ils ayent à faire lire, publier & enrégistrer, & le contenu en icelles entretenir & faire entretenir, garder & observer selon leur forme & teneur, sans y contrevenir ni souffrir qu'il y soit contrevenu en quelque sorte & maniere que ce soit. CAR tel est nôtre plaisir. En témoin de quoi Nous avons fait mettre nôtre Scel à cesdites Presentes. DONNE' à Versailles le sixiéme jour d'Aout, l'an de grace mil six cens quatre-vingt-deux, & de nôtre Régne le quarantiéme. *Signé*, LOUIS: *Et plus bas*, Par le Roi, COLBERT.

DECLARATION DU ROI,

Concernant l'Etude de Droit.

Du 17 Novembre 1690.

LOUIS par la grace de Dieu, Roi de France & de Navarre: A tous ceux qui ces Presentes verront, SALUT. Ayant par l'Article VI. de nôtre Edit du mois d'Avril 1679, entre autres choses ordonné que nul ne pouroit obtenir aucuns Degrez, ni Lettres de Bachelier & de Licentié en Droit Canonique ou Civil, dans aucune des Facultez de nôtre Royaume & Pays de nôtre obéïssance, qu'il n'ait étudié trois années entieres, à compter du jour qu'il sera inscrit sur le Régistre de l'une desdites Facultez; & par l'Article XXI.

de nôtre Déclaration du 6 Août 1682, qu'aucunes personnes ne pourroient être admis à étudier en Droit Canonique ou Civil, qu'il n'eussent atteint l'âge de dix-huit ans accomplis ; & par l'Article XXIII. de ladite Déclaration, ayant permis à ceux qui auroient atteint l'âge de 27 années accomplies, en le justifiant par leurs Extraits Baptistaires en bonne forme, de se presenter pour subir les Examens & soutenir les Théses, & obtenir les Degrez de Bachelier & de Licentié dans l'intervale de trois en trois mois, & que s'ils étoient trouvez suffisants & capables, les Lettres de Bachelier & de Licentié leur en seroient expédiées, sur lesquelles ils pouroient être reçûs au serment d'Avocat en nos Cours : Et d'autant que Nous avons été informé qu'il y en a plusieurs, lesquels ayant achevé leurs Etudes d'Humanitez & de Philosophie avant dix-sept ans, & qu'en les faisant attendre jusqu'à l'âge de dix-huit accomplis, pour étudier ledit tems de trois années portées par nos Edits & Déclarations, cet éloignement d'âge & cette longueur d'étude les en pouroit détourner & les empêcher de suivre les bonnes intentions de leurs parents, qui n'ont d'autre dessein que de les perfectionner dans les sciences, pour les mettre plus en état d'entrer dans les Charges de Judicature, afin de nous y rendre leurs services & au Public ; & que ceux qui ont atteint l'âge de vingt-sept ans accomplis, pouroient avoir quelque peine à se réduire d'étudier dans un âge si avancé : étant aussi informé que plusieurs Particuliers ont pris des Lettres de Bachelier & de Licentié avant & au tems de l'enrégistrement de nôtre Edit du mois d'Avril 1679, quoiqu'ils n'eussent pas atteint l'âge de vingt ans accomplis, sur lesquelles quelqu'uns ont été admis au serment d'Avocat, & que d'autres n'avoient pû s'y faire admettre, à cause que par l'Article XIX. dudit Edit, lesdites Lettres de Licence & Matricules avoient été révoquées pour ceux qui n'avoient pas atteint vingt ans au premier Janvier de ladite année, Nous avons estimé qu'il étoit nécessaire pour le bien & avantage des uns & des autres, d'aporter quelque modification à ce qui est porté par lesdits Articles VI. & XIX. de nôtre Edit du mois d'Avril 1679, & XXI. & XXIII. de nôtredite Déclaration du 6 Août 1682, & même de valider aussi les Etudes de ceux qui ont commencé d'étudier auparavant ledit âge de dix-huit ans accomplis & de vingt-sept années. A CES CAUSES, de l'avis de nôtre Conseil, & de nôtre certaine science, pleine puissance & autorité Royale, Nous avons dit, déclaré, statué, & ordonné, & par ces Presentes signées de nôtre main, disons, déclarons, statuons, & ordonnons, voulons & Nous plaît, qu'à l'avenir, ceux qui voudront étudier en Droit Canonique ou Civil, y soient admis lorsqu'ils seront
ront

font entrez en la dix-septiéme année, pour aprés s'être inscrits & y avoir étudié deux ans, & fait les Actes de Baccalaureat & de Licentié en la maniere accoutumée pendant lesdites deux années, êtres reçûs Avocats, & que ceux qui entreront en la 25e année puissent pareillement êtres admis à y étudier six mois seulement, & aprés avoir subi les examens & soutenu les Théses, obtenir les Degrez de Bachelier & de Licentié dans l'intervale de trois en trois mois, s'ils en sont trouvez suffisans & capables, sur lesquelles ils pourront être reçûs au serment d'Avocat en nos Cours. Voulons & ordonnons que ceux qui ont commencé auparavant nôtre presente Déclaration à étudier au commencement de la dix-septiéme année, & qui auront étudié deux ans, & ceux qui ont commencé en la vingt-cinquiéme année, & qui auront étudié six mois, pourvû que les uns & les autres ayent soutenu les Théses & été admis aux Degrez de Bachelier & de Licentié, ils soient aussi reçûs au serment d'Avocat en nos Cours, en raportant les uns & les autres les Certificats d'Etude en bonne & dûë forme. Voulons pareillement & ordonnons que ceux qui ont obtenu les Lettres de Licence & Matricule d'Avocat avant & au tems de l'enrégistrement de nôtredit Edit de 1679, qui pour lors n'avoient point atteint les vingt années accomplies, puissent obtenir les Provisions des Offices de Judicature dont ils auront traité, & que ceux qui n'ont point encore été admis au serment d'Avocat sur lesdites Licences par eux obtenuës depuis le premier Janvier 1679, puissent y être aussi admis dans nos Cours, en raportant des Certificats en bonne & dûë forme de fréquentation de Barreau pendant deux années. Voulons au surplus que nôtredit Edit & Déclaration des mois d'Avril 1679, & 6 Aout 1682, soient exécutez selon leur forme & teneur en ce qui n'y est point dérogé par ces Presentes. SI DONNONS EN MANDEMENT à nos amez & feaux Conseillers les Gens tenans nôtre Cour de Parlement à Dijon, que ces Presentes ils ayent à faire lire, publier & régistrer, & le contenu en icelles garder & observer selon leur forme & teneur, sans y contrevenir ni souffrir qu'il y soit contrevenu en quelque sorte & maniere que ce soit, nonobstant ce qui est porté par les Articles VI. & XIX. de nôtredit Edit du mois d'Avril 1679, & les Articles XXI. & XXIII. de nôtre Déclaration du 6 Aout 1682 ausquels Nous avons dérogé & dérogeons par ces Presentes; CAR tel est nôtre plaisir, en témoin dequoi Nous avons fait mettre nôtre Scel à cesdites Presentes. DONNE' à Versailles le dix-septiéme jour de Novembre l'an de grace mil six cens quatre-vingt-dix, & de nôtre Régne le quarante-huitiéme. Signé, LOUIS,

K

Et fur le repli, Par le Roi, PHELYPEAUX. Et fcellées de
grand Sceau de cire jeaune.

Régiftré en Parlement à Dijon, le 16 Janvier 1691.

DECLARATION DU ROI,

*PORTANT que le cours de l'Etude du Droit Civil, Ca-
nonique & François feroit à l'avenir de trois années confe-
cutives, fuivant la difpofition de l'Edit du mois d'Avril 1679
& les autres chofes que Sa Majefté vouloit être auffi obfer-
vées pour les Infcriptions & Examens.*

Du 20 Janvier 1700.

LOUIS par la grace de Dieu, Roi de France & de Navarre,
A tous ceux qui ces Prefentes Lettres verront, SALUT. La
néceffité dans laquelle Nous fommes de nous décharger fur nos
Officiers d'une partie de la diftribution de la Juftice que Nous de-
vons à nos Sujets, Nous obligeant d'aporter tout ce qui peut dé-
pendre de nos foins pour donner moyen à ceux qui embraffent la
Profeffion de Judicature de s'inftruire dans les fciences qui peu-
vent contribuer davantage à les rendre capables de remplir digne-
ment les Charges dont Nous voulons bien les pourvoir, Nous
aurions jugé à propos en l'an 1679 de rétablir l'Etude du Droit
Civil, & de faire plufieurs Réglemens auffi-bien qu'en l'année 168
pour la rendre plus utile & plus floriffante qu'elle n'avoit été dans
les tems précédens : Mais comme l'expérience a fait connoître que
l'on pouvoit encore y ajouter quelque degré de perfection, tant
pour les Etudes que pour la difcipline & le bon ordre des Facultez de Droit établies dans nôtre Royaume. A CES CAUSES
& autres confidérations à ce nous mouvans, Nous avons dit, fta-
tué & ordonné, difons, ftatuons & ordonnons par ces Prefentes
fignées de nôtre main, voulons & Nous plaît, que le cours de
l'Etude de Droit Civil, Canonique & François foit à l'avenir de
trois années confécutives, fuivant la difpofition de nôtre Edit du
mois d'Avril 1679, & que ceux qui voudront y étudier foient tenus de s'infcrire pour la première année depuis le dix jufqu'au tren
jour du mois de Novembre, & fans qu'ils puiffent le faire apr

ledit tems passé, & de renouveller leurs inscriptions dans les premiers mois de chaque Trimestre suivant, & que le double de la
feüille des inscriptions soit envoyé à l'ancien de nos Avocats Généraux en nos Cours de Parlement, dans le quinziéme du mois suivant, par le Syndic de ladite Faculté. Ordonnons pareillement que
les Etudians prennent pendant la premiere année desdites trois années la seule leçon que l'on donnera des Instituts de Droit Civil,
& qu'ils subissent un Examen sur ladite matiere à la fin de ladite
premiere année, s'ils le désirent, & au plus tard dans le dernier
Mars de l'année suivante, sans quoi ils ne pourront être admis à
suplier pour l'acte de Baccalaureat : Qu'ils prennent dans la deuxiéme année l'une des Leçons de Droit Civil, & l'une de celles que
l'un des Professeurs donnera du Decret, & l'autre des Paratitles sur
les Décretales : Qu'ils soutiennent à la fin d'icelle l'acte de Baccalaureat ; & qu'ils prennent dans la troisiéme & derniere année
la Leçon du Droit François, outre l'une de celles du Droit Civil
ou Canonique à leur choix : Et afin qu'ils soient encore plus obligez de s'apliquer à l'Etude de la Jurisprudence Françoise, Nous
voulons qu'ils subissent sur icelle depuis le premier Juillet jusqu'au
sept Septembre, durant une heure, un Examen public devant deux
des Docteurs Régents & deux des Docteurs Aggregez qui seront
tirez au sort, outre le Professeur en Droit François qui présidera,
ou à sa place celui des Docteurs Aggregez qu'il voudra choisir.
Que ceux qui surviendront ausdits Examens puissent faire telles
questions qu'ils jugeront à propos : Que les suffrages desdits Examinateurs soient donnez par scrutin, & que tous ceux desdits Etudians qui se presenteront dans la suite pour prêter le serment d'Avocat, n'y puissent être admis qu'en raportant, outre leurs Lettres de
Licence, un Certificat du Professeur en Droit François & des autres
Professeurs & Aggregez qui auront assistez audit Examen, portant
qu'ils l'ont subi, & qu'ils ont été trouvez capables : Lorsque les
Docteurs qui examineront des Etudians en Droit, ne les jugeront
pas capables d'être admis aux Degrez, ils pourront les remettre aux
trois mois suivants, durant lesquels ils seront tenus de continuer
leurs Etudes. Voulons pareillement que tous les Officiers qui seront reçûs en nos Cours & Siéges, soient interrogez sur nos Ordonnances, sur les Coûtumes & sur les autres parties de la Jurisprudence Françoise aussi-bien que sur le Droit Civil : Et que ceux
lesquels à cause de leur âge de vingt-quatre ans, Nous avons dis-
pensé par nôtre Déclaration du mois d'Aout 1690 d'étudier plus
de six mois, ne puissent être reçûs Avocats qu'ils n'ayent pris la
Leçon du Droit François au moins pendant deux desdits six mois :

Et afin que les Etudians puiſſent avoir le tems de ſoutenir les Actes &
de ſubir les Examens qui ſont ordonnez, voulons que les Leçons or
dinaires ceſſent depuis le premier jour d'Aout juſqu'au 12 Novembre
ſuivant, & que leſdits Actes & Examens ſoient continuez depuis
ledit jour premier Aout juſqu'au ſept Septembre incluſivement : Vou
lons que ceux qui auront commencé à étudier en Droit avant nô
tre preſente Déclaration, & qui n'ont point encore ſoutenu leu
Acte de Licence, ſoient tenus d'étudier une troiſiéme année, de
ſubir l'Examen ſur le Droit François, & d'obſerver dans tout le
reſte de leur tems d'Etude le contenu en nôtre preſente Déclaration. Tous les Docteurs Honoraires és Facultez eſquelles il y en
a, pourront aſſiſter à toutes les Aſſemblées deſdites Facultez, même pour les Elections des Docteurs Régents Honoraires & Aggregez auſſi-bien que les Docteurs Régents ; & pour les Docteurs Aggregez ils n'y aſſiſteront qu'en nombre égal à celui des Profeſſeurs
qui ſont actuellement Régentans dans chaque Faculté : Les réſo-
lutions paſſeront à la pluralité des ſuffrages, & en cas de partage,
le Docteur qui préſidera aura la voie concluſive : Toutes les con-
cluſions ſeront enrégiſtrées dans les Régiſtres de la Faculté, les
ſuffrages des Docteurs qui ſe trouveront peres, beau-peres, enfans,
gendres, freres, beaux-freres, oncles & neveux, même par alliance,
ne ſeront comptez que pour un ſeul. Voulons que les Docteurs Régens dans leſdites Facultez ſoient âgez de trente ans accomplis :
Que lorſque les Chaires des Docteurs Régents ſeront vacantes, la
Faculté entiere commette dans une Aſſemblée qui ſera convoquée
à cet effet, l'un des Docteurs Aggregez pour en faire les fonctions,
lequel recevra en conſéquence la moitié des droits qui apartien-
nent au Docteur Régent. Voulons que ceux qui prétendent être
Aggregez auſdites Facultez, ſoient tenus d'aſſiſter durant un an avec
aſſiduité en l'habit ordinaire de Docteur, aux Actes que l'on ſoutient,
& d'y diſputer dans l'ordre qui ſera preſcrit pour cet effet par le
Préſident. Que leſdites Places d'Aggregez qui viendront à vacquer
dorénavant ſeront miſes à la diſpute, & que les contendants donneront deux Leçons de Droit Civil, deux de Droit Canonique,
& ſoutiendront une Théſe qui ſera le matin ſur le Droit Civil,
& l'aprés midi ſur le Droit Canonique, & que leſdites Places ſeront adjugées à celui qui ſera jugé le plus capable. Que l'on tirera
au ſort les noms d'autant de Docteurs Aggregez qu'il y aura actuellement de Docteurs Régents en la Faculté, leſquels donneront
leurs ſuffrages à chaque Théſe, aprés avoir entendu au moins quatre Argumens. Les Docteurs Aggregez ne pourront préſider aux Actes de ceux qu'ils auront inſtruits par des répétitions, & ſeront
tenus

tenus de fe récufer eux-mêmes, fi le fort tomboit fur eux pour la
Préfidence aufdits Actes. Les émolumens que l'on a payé jufqu'à
cette heure aux Docteurs Aggregez, feront augmentez du tiers, &
la moitié en fera payée par forme de diftribution manuelle à chaque Examen où ils affifteront, & le furplus, de même que les
droits des Profeffeurs, & les fommes qui feront deftinées pour le
payement de leurs droits, feront mifes entre les mains de celui qu'ils
voudront prépofer pour cet effet, fans que le Profeffeur qui reçoit
les Infcriptions des Etudians, puiffe les admettre à s'infcrire qu'en
raportant la quittance du payement defdits droits fait à celui qui
fera prépofé pour les recevoir. Si DONNONS EN MANDEMENT à
nos amez & feaux Confeillers les Gens tenans nôtre Cour de Parlement à Dijon, que ces Préfentes ils ayent à faire lire, publier
& régiftrer, & le contenu en icelles garder & obferver felon fa
forme & teneur, CAR tel eft nôtre plaifir. En témoin de quoi
Nous avons fait mettre nôtre Scel à cefdites Préfentes. DONNE'
à Verfailles le vingtiéme jour de Janvier l'an de grace mil fept
cens, & de nôtre Régne le cinquante-feptiéme. Signé, LOUIS:
Et plus bas, Par le Roi, PHELYPEAUX.

Régiftré en Parlement à Dijon, le 19 Février 1706.

DECLARATION DU ROI,

TOUCHANT la réception des Docteurs Aggregez dans les Facultez de Droit.

Du fept Janvier mil fept cens trois.

LOUIS par la grace de Dieu, Roi de France & de Navarre:
A tous ceux qui ces préfentes Lettres verront, SALUT. Par
l'Article IX. de nôtre Déclaration du 6 Août 1682, concernant l'Etude du Droit Civil & Canonique, Nous avons ordonné que l'élection des Docteurs Aggregez feroit faite par les Facultez de Droit
établies dans les Univerfitez de nôtre Royaume, à la charge que
celui qui feroit élû auroit l'âge de trente ans accomplis, & qu'il
auroit les fuffrages au moins des deux tiers des électeurs. La difpofition de cet Article étoit principalement fondée, fur ce que les
Places de Docteurs Aggregez devant alors être remplies par la voie
d'une fimple élection, fans aucune difpute précédente; il étoit jufte

L

que le Public fût affuré en quelque maniere de la capacité de ceux
qui feroient élûs, par la préfomption que leur âge & le grand
nombre des fuffrages formeroient en leur faveur; mais ces motifs
ont ceffé depuis que par nôtre Déclaration du 19 Janvier 1700; Nous
avons jugé à propos d'ordonner que les Places des Docteurs Aggregez qui vacqueront à l'avenir, feroient mifes à la difpute, pour
être ajugées à celui qui feroit jugé le plus capable; & aprenant
d'ailleurs que le nombre de ceux qui afpirent à ces Places., dimi-
nuë tous les jours, foit que parce que plufieurs craignant de s'ex-
pofer à l'âge de trente ans accomplis aux travaux & à l'avénement
incertain d'une difpute, foit parce que d'autres après avoir obtenu
des Degrez, préférent les premiers Emplois qui fe prefentent à
une efpérance auffi douteufe & auffi éloignée. Nous avons crû qu'il
étoit néceffaire de remédier à cet inconvénient en retranchant
quelques années du nombre de celles requifes par nôtredite Déclaration de l'année 1682; & Nous nous portons d'autant plus vo-
lontiers à faire ce changement, que Nous efpérons qu'il fera avantageux au Public, foit parce qu'il rendra les difputes plus nom-
breufes, & par conféquent plus utiles, foit parce qu'il poura fervir à retenir & à fixer dans l'Etude de la Jurifprudence, une partie
de ceux qui fe laffoient auparavant d'attendre une légere recompen-
fe de leurs travaux pendant un tems auffi confidérable que celui
qui s'écouloit depuis la fin de leurs Etudes, jufqu'à ce qu'ils euf-
fent atteint l'âge de trente ans. A CES CAUSES, Nous avons
dit & déclaré, difons & déclarons par ces Prefentes, fignées de
nôtre main, Voulons & Nous plaît que nôtre Déclaration du 19
Janvier 1700, foit exécutée felon fa forme & teneur, & en conféquence que les Places de Docteurs Aggregez foient mifes à la
difpute, & ajugées à la pluralité des voix, à celui qui fera trouvé
le plus capable, fans qu'il foit néceffaire que les fuffrages des deux
tiers des Electeurs foient réunis en fa faveur, ni qu'il ait atteint
l'âge de trente ans, pourvû néanmoins qu'il ait celui de vingt-cinq
ans accomplis, & qu'il aît fatisfait aux autres conditions requifes
par nôtre Déclaration du 19 Janvier 1700: Voulons que la difpofition de nôtre prefente Déclaration foit obfervée à l'égard des
Places de Docteur Aggregé, qui font actuellement vacantes dans
nos Univerfitez; en cas néanmoins que la difpute qui fe doit faire
pour les remplir, ne foit pas encore commencée du jour de la
publication des Prefentes. Si DONNONS EN MANDEMENT à nos
amez & feaux les Gens tenans nôtre Cour de Parlement de Dijon,
que ces Prefentes ils faffent lire, publier & régiftrer, & le contenu en icelles, garder & obferver felon leur forme & teneur,

CAR tel est nôtre plaisir ; en témoin de quoi Nous avons fait mettre nôtre Scel à cesdites Presentes. Donné à Versailles le septiéme Janvier l'an de grace 1703, & de nôtre Regne le soixantiéme. *Signé*, LOUIS. Sur le repli : Par le Roi, PHELYPEAUX.

Régiftré en Parlement à Dijon, le 12 Fevrier 1703.

DECLARATION DU ROI,

SERVANT de Réglement pour l'Election des Aggregez des Facultez de Droit des Universitez du Royaume.

Du 20 Septembre 1707.

LOUIS par la grace de Dieu, Roi de France & de Navarre : A tous ceux qui ces presentes Lettres verront. SALUT. Nous avons été informez que l'adjudication d'une Place de Docteur Aggregé en la Faculté de Droit en l'Université de Paris, dont l'apel est pendant en nôtre Cour de Parlement de Paris, a fait naître des Questions, dont la premiere consiste à sçavoir, si le Doyen en Charge de ladite Faculté, ou le Docteur qui préside en son absence, doit avoir la voie conclusive en cas d'égalité de suffrages, même en presence des Commissaires nommez par nôtre Cour de Parlement de Paris, pour présider à l'élection ; & en cas qu'il ait ce Privilege, il s'agit de décider en la seconde Question, en quel rang il doit donner sa voix ; Nous avons apris en même tems que cette seconde Question n'a pas encore été prévuë dans les Edits & Déclarations que Nous avons fait jusqu'à present pour régler la Discipline des Facultez de Droit : Et à l'égard de la premiere Question, bien qu'elle paroisse expressément décidée par nos Déclarations des 6 Août 1682 & 20 Janvier 1700, en faveur du Doyen ou de celui qui préside, on a prétendu neanmoins qu'il restoit encore quelque doute sur ce point par raport aux élections des Docteurs Aggregez, attendu que ni le cas du partage, ni par consequent le privilége de la voix conclusive ne pouvoient autrefois avoir lieu dans ces élections, dans lesquelles suivant l'Article IX. de nôtre Déclaration du 6 Août 1682, il falloit que l'Elû eût au moins les suffrages des deux tiers des Electeurs. Il est vrai que Nous avons dérogé à cette disposition par nôtre Déclaration du 7 Janvier 1703, par laquelle Nous avons ordonné que les Doc-

teurs Aggregez feroient élûs comme les Docteurs Régens , à la pluralité des fuffrages ; mais comme Nous n'avons pas ajouté expreffément par cette Déclaration, qu'en cas de partage, la voix du Doyen ou de celui qui préfideroit, feroit concluſive, on a foutenu qu'il n'y avoit pas encore de Loi claire & précife fur cette difficulté en ce qui regarde les élections des Docteurs Aggregez; mais quoique nôtre intention ne puiſſe être douteuſe fur ce point, & que Nous l'ayons marqué aſſés clairement dans nos Déclarations de 1682 & de 1700, par les expreſſions générales dont Nous nous y fommes fervis, pour faire connoître que dans toutes les matieres qui fe réglent à la pluralité des fuffrages, la voix du Doyen ou de celui qui préfide doit toujours être concluſive en cas de partage d'opinions: Nous avons crû neanmoins devoir prévenir toutes les interprétations par lefquelles on pourroit obfcurcir le véritable fens de toutes ces Déclarations, afin que les élections ne puiſſent plus être retardées à l'avenir par des partages d'opinions, qui ne pourroient que donner lieu à de nouvelles difputes onéreufes aux Afpirans, & préjudiciables au Public, qui a interêt que les Places de ceux qui font deftinez à le fervir, foient promtement remplies. A CES CAUSES & autres, à ce Nous mouvans, de nôtre certaine fcience, pleine puiſſance & autorité Royale, Nous avons par ces Prefentes fignées de nôtre main, dit & déclaré, difons, ordonnons & déclarons, voulons & Nous plaît, que dans toutes les Délibérations des Facultez de Droit de nôtre Royaume, foit en matiere d'élections de Docteurs Régens ou de Docteurs Aggregez, foit en quelque autre matiere que ce puiſſe être, lorfqu'il y aura égalité de voix, celle du Doyen, ou en fon abfence, de celui qui préfidera à la Délibération au nom de la Faculté, fera concluſive, encore que les fuffrages foient donnez en prefence des Commiſſaires nommez par nôtre Cour de Parlement; & en conféquence voulons que les Chaires de Profeſſeurs, les Places de Docteurs Aggregez ou autres Emplois, même les Bénéfices étant à la nomination defdites Facultez, foient ajugez à celui qui dans l'égalité des fuffrages aura l'avantage d'avoir en fa faveur la voix du Doyen ou du Docteur qui préfidera en fa place; Ordonnons à cet effet que ledit Doyen ou ledit Docteur qui préfidera en fon abfence, ne donnera fon fuffrage que le dernier, aprés que tous les autres auront opiné; ce qui aura lieu pareillement tant en l'abfence qu'en la prefence des Commiſſaires qui auront été envoyez par nôtredite Cour de Parlement, pour préfider aux Délibérations: Et comme la régle que Nous établiſſons par nôtre prefente Déclaration fur le rang dans lequel le Doyen doit opiner, n'a pas été

observée

obfervée dans la derniere élection qui s'eft faite en la Faculté de Droit de l'Univerfité de Paris, & que fi cette élection étoit annullée par ce deffaut de formalité, les Juges ne pouroient fe difpenfer d'ordonner que la Place vacante feroit de nouveau mife à la difpute & au concours, ce qui feroit d'autant plus fâcheux dans l'occafion prefente, que Nous avons apris que les deux fujets qui ont partagé les fuffrages des électeurs, avoient chacun mérité de les avoir tous par la diftinction avec laquelle ils ont paru dans la difpute qui a précédé l'élection, Nous avons crû devoir y pourvoir par nôtre autorité, & en conféquence en confirmant en tant que de befoin l'élection faite le 14 Avril dernier de la perfonne de Me. François Lorry, qui fera exécutée felon fa forme & teneur, Nous ordonnons que la premiere Place de Docteur Aggregé qui viendra à vacquer dans ladite Faculté, fera ajugée fans aucune nouvelle difpute ni autres Actes probatoires, à Maître Claude Maillot, & ce fans tirer à conféquence, & attendu qu'apres la régle que Nous établiffons par ces Prefentes, il ne peut plus arriver de cas femblables à celui qui s'eft prefenté en cette occafion. SI DONNONS EN MANDEMENT à nos amez & feaux les Gens tenans nôtre Cour de Parlement à Dijon, que ces Prefentes ils aient à faire lire, publier & régiftrer, même en Vacations, & le contenu en icelles garder & obferver felon leur forme & teneur. CAR tel eft nôtre plaifir; en témoin de quoi Nous avons fait mettre nôtre Scel à cefdites Prefentes. DONNE' à Fontainebleau ce vingtiéme jour de Septembre l'an de grace mil fept cens fept, & de nôtre Régne le foixante-cinquiéme. Signé, LOUIS : Et plus bas, Par le Roi, PHELYPEAUX.

Régiftré en Parlement à Dijon, le 7 Décembre 1707.

DECLARATION DU ROI,

Concernant les réceptions des Avocats.

Du premier Avril 1710.

LOUIS par la grace de Dieu, Roi de France & de Navarre: A tous ceux qui ces Prefentes Lettres verront, SALUT : Par l'article XV. de nôtre Edit du mois d'Avril 1679, portant Réglement pour l'Etude du Droit Canonique & Civil, Nous avons or-

M

donné, que tous ceux qui étudieront dans les Univerſitez de nôtr
Royaume, ſeroient obligez de s'inſcrire de leur main quatre fois l'année, dans un Régiſtre qui ſeroit tenu à cet effet dans chaque Univerſité, & dans des cayers qui ſeroient envoyez tous les trois mois
aux Officiers du Parquet du Parlement, dans le Reſſort duquel leſ
dites Univerſitez ſeroient établies, ſans que nos Avocats & Procureurs Généraux puiſſent viſer aucunes Licences, par raport à ceu:
qui auroient étudié dans les Univerſitez de leur Reſſort, qu'apré
avoir vérifié auparavant que ceux qui les auroient obtenuës, on
actuellement étudié le tems porté par nôtredit Edit du mois d'Avri
1679 : Et à l'égard de ceux qui auroient obtenu des Licences dan:
une Univerſité qui ne ſeroit pas du Reſſort du Parlement où il
voudroient être reçûs Avocats, Nous avons ordonné qu'ils ſeroien
tenus de raporter une atteſtation en bonne forme des Officiers d
Parquet du Parlement, dans le Reſſort duquel l'Univerſité dont il
auroient obtenu des Licences, ſeroit ſituée, portant qu'ils ſe ſon
inſcrits ſur les feüilles de ladite Univerſité, & qu'ils ont accompl
le tems d'Etude preſcrit par nôtredit Edit; autrement Nous avon:
défendu à nos Cours de les recevoir, & Nous avons déclaré leur:
réceptions nulles : Mais quoique les termes dans leſquels cet article eſt conçû faſſent connoître clairement, que nôtre intention a
été d'empêcher qu'aucun de ceux qui veulent être reçûs Avocats
dans quelque Tribunal que ce puiſſe être, n'y fuſſent admis qu'a-
prés que nos Avocats & Procureurs Généraux auroient exactemen
vérifié s'ils avoient étudié le tems porté par nôtredit Edit du mois
d'Avril 1679, & qu'ils en auroient délivré leur Atteſtation en bonne forme, à l'égard de ceux qui voudroient être admis au ſerment
d'Avocat dans un autre Siége; cependant Nous aprenons que ſous
prétexte qu'il n'eſt fait mention que des Parlemens dans l'article XIX.
de nôtredit Edit, pluſieurs Licentiez des Univerſitez de nôtre Royaume ſe font recevoir au ſerment d'Avocat, ſoit dans nos Cours, ſoit
dans les Prevôtez, Bailliages, Sénéchauſſées, Préſidiaux & autres Siéges où on les admet à prêter le ſerment d'Avocat, pour y plaider en
qualité d'Avocats, quoiqu'ils ne raportent point d'Atteſtation en bonne forme de nos Avocats & Procureurs Généraux des Parlemens
dans le Reſſort deſquels ils ont fait leurs Etudes de Droit : Et comme la facilité avec laquelle ils ſe font recevoir dans ces Tribunaux, ſans ſuivre la régle marquée par nôtre Edit du mois d'Avril
1679, eſt capable d'éluder au moins par raport à une partie de
ceux qui obtiennent des Degrez dans les Facultez de Droit Canonique & Civil, la juſte précaution que Nous avons crû devoir
prendre pour établir la preuve du tems d'étude; & que d'ailleurs

il n'eſt pas moins néceſſaire d'aſſurer par le témoignage des Officiers du Parquet de chacun de nos Parlemens, qui ont l'inſpection
ſur ce qui ſe paſſe dans les Univerſitez du Reſſort deſdites Cours,
que les Licentiez qui ſe préſentent au ſerment d'Avocat, ont ſatisfait
à toutes les régles établies par nos Déclarations des 6 Aout 1682,
19 Janvier 1700, & autres concernant l'Etude de Droit Canonique, Civil & François, Nous avons jugé à propos d'expliquer ſi
clairement nos intentions ſur ce ſujet, qu'on ne puiſſe plus trouver
aucun prétexte pour ſe diſpenſer d'obtenir une Atteſtation, ſans laquelle toutes les Loix que Nous avons faites pour le rétabliſſement
de l'Etude du Droit Canonique, Civil & François, pouroient devenir ſouvent inutiles : A CES CAUSES & autres à ce Nous
mouvans, de nôtre certaine ſcience, pleine puiſſance & autorité
Royale, Nous avons par ces Preſentes, ſignées de nôtre main, dit,
déclaré & ordonné, diſons, déclarons & ordonnons, Voulons &
Nous plaît, que nôtre Edit du mois d'Avril 1679, & notamment
l'article XV. dudit Edit, enſemble nos Déclarations des 6 Aout
1682, 19 Janvier 1700, & autres concernant l'Etude du Droit
Canonique, Civil & François, ſoient exécutez ſelon leur forme &
teneur, & en conſéquence qu'aucun Licentié ne puiſſe être reçû au
ſerment d'Avocat dans nos Cours, Siéges & Juridictions, de quelque qualité qu'elles ſoient, ſans aucunes excepter, autres que nos
Cours de Parlemens, dans le Reſſort deſquels ils auront obtenu
leurs Licences, s'ils ne raportent une Atteſtation en bonne forme
des Officiers du Parquet du Parlement, dans le Reſſort duquel l'U-
niverſité dont ils auront obtenu les Licences eſt établie, portant
qu'ils ſe ſont inſcrits ſur les feüilles de ladite Univerſité, en la
forme preſcrite par nôtre Edit du mois d'Avril 1679, & par nôtre Déclaration du 19 Janvier 1700, qu'ils ont accompli le tems
d'Etude qui y eſt preſcrit, qu'il ont obſervé les interſtices portées
par nôtredit Edit & par nos Déclarations des 6 Aout 1682, & 19
Janvier 1700, qu'ils ont ſubi l'examen du Droit François & ſatisfait
généralement à tout ce qui eſt réglé par noſdits Edit & Déclarations pour l'Etude du Droit Canonique, Civil & François; & autrement, & faute par eux de raporter ladite Atteſtation, Nous
défendons à tous Avocats de les preſenter au ſerment d'Avocat,
& à toutes nos Cours & autres Siéges de les y recevoir, & déclarons leurs réceptions nulles & de nul effet. SI DONNONS
EN MANDEMENT à nos amez & feaux les Gens tenant nôtre
Cour de Parlement à Dijon, que ces Preſentes ils ayent à enrégiſtrer, & faire obſerver ſelon leur forme & teneur, ſans permettre qu'il y ſoit contrevenu, CAR tel eſt nôtre plaiſir : En témoin

de quoi Nous avons fait mettre nôtre Scel à cefdites Préfentes.
DONNE' à Verſailles le premier jour d'Avril l'an de grace mil ſept
cens dix, & de nôtre Regne le ſoixante-ſeptiéme. *Signé*, LOUIS
Et plus bas, Par le Roi, PHELYPEAUX. Et ſcellé du grand
Sceau de cire jaune.

Régiſtrée en Parlement à Dijon, le 16 Mai 1710.

DECLARATION DU ROI,

*QVI deffend d'admettre enſemble dans les Facultez de Droit,
aux places de Profeſſeurs & Aggrégez, les Parens ou Alliez
dans les degrez y marquez.*

Du 29 Juillet 1712.

LOUIS par la grace de Dieu, Roi de France & de Navarre: A tous ceux qui ces préſentes Lettres verront, SALUT.
Nous avons ordonné entre autres choſes, par nôtre Edit du mois de
Juillet 1669, que les parens au premier, ſecond & troiſiéme degré
de pere & fils; de pere, oncle & neveu, enſemble les alliez juſqu'au
ſecond degré, qui ſont, beaupere, gendre & beaufrere, ne pourroient
être reçûs à exercer conjointement aucun Office dans nos Cours, ni
dans les Siéges inférieurs; à l'égard des parens & alliez, tant Conſeillers
d'Honneur que Vétérans, juſqu'au deuxiéme degré de parenté ou d'alliance, que leurs voix ne ſeroient comptées que pour une, ſi ce n'eſt
lors qu'ils ſe trouveront de différens avis; ce que Nous avons confirmé par nôtre Edit du mois de Janvier 1681, par lequel Nous avons
ordonné que les avis des Officiers qui ſeront parens ou alliez aux degrez de pere & fils, frere, oncle & neveu, de beaufrere, gendre &
beaupere, ne ſeroit comptez que pour un quand ils ſe trouveroient
uniformes: Et comme les mêmes raiſons qui Nous ont porté à établir ces Régles pour les Officiers de Judicature, ſembloient exiger
qu'elles fuſſent établies de même dans les Facultez des Droits des Univerſitez de nôtre Royaume, dans leſquelles les Profeſſeurs & les Docteurs Aggregez ſont Jugés de la capacité des Aſpirans aux Degrez deſdites Facultez, & jugent auſſi dans les élections, de la capacité de
ceux qui aſpirent aux Chaires de Profeſſeurs, & aux Places de
Docteurs Aggregez: Nous avons ordonné par nôtre Déclaration
du mois de Janvier 1700, que les ſuffrages des Docteurs, qui ſe
trouveroient

trouveroient peres, beaux-peres, enfants, gendres, freres & beaux-freres, oncles & neveux, même par alliance, ne seroient compris que pour un seul : mais comme en fixant ces differens degrez de parentez & d'alliance, qui doivent former la confusion des suffrages dans lesdites Facultez, Nous n'avons pas déclaré nôtre intention sur les degrez qui pouroient produire un obstacle à la réception desdits Professeurs & Docteurs Aggregez dans la même Faculté, Nous avons crû devoir expliquer nôtre intention sur ce sujet, & remédier en même tems aux abus que Nous avons apris qui s'introduisoient dans quelques Facultez de nôtre Royaume, en ce que ceux desdits Professeurs & Docteurs Aggregez, qui avoient été nommez pour Examinateur Président, ou pour donner leurs suffrages aux Actes, substituoient en leur place tels autres Professeurs ou Docteurs qu'ils jugeoient à propos, dans la vûe de favoriser les Aspirans aux Degrez. A CES CAUSES & autres à ce Nous mouvans, de nôtre certaine science, pleine puissance & autorité Royale, Nous avons par ces Presentes, signées de nôtre main, dit, déclaré & ordonné, disons, déclarons & ordonnons, Voulons & Nous plaît, que les parens dans les degrez de pere, fils, frere, oncle & neveu, & les alliez dans les degrez de beau-pere, gendre & beau-frere, ne puissent être admis dorénavant ensemble dans la même Faculté de Droit des Universitez de nôtre Royaume, soit dans les Chaires de Docteurs Régens, ou de Professeur en Droit François, soit dans les Places de Docteurs Aggregez : défendons aux Professeurs & Docteurs Aggregez desdites Facultez de Droit, qui auront été nommez pour examiner les Etudians, ou pour donner leurs suffrages aux Actes, de substituer aucuns autres Professeurs ou Docteurs Aggregez en leur place : Leurs enjoignons de vacquer en personne ausdits Examens & Actes, si ce n'est en cas de maladie ou autre légitime empéchement, auquel cas Voulons qu'il soit de nouveau tiré au sort en la maniere accoutumée, un autre Professeur ou Docteur Aggregé, au lieu & place de celui qui par maladie, ou autre légitime empéchement, ne se trouvera pas en état d'assister ausdits Examens & Actes; & seront au surplus nos Edits & Déclarations concernant les Etudes du Droit Civil, Canonique & François, exécutez selon leur forme & teneur. SI DONNONS EN MANDEMENT à nos amez & feaux les Gens tenans nôtre Cour de Parlement de Dijon, que ces Presentes ils ayent à faire lire, publier, enrégistrer & exécuter selon leur forme & teneur, CAR tel est nôtre plaisir; en témoin de quoi Nous y avons fait mettre nôtre Scel. DONNE' à Fontainebleau le 29 de Juillet l'an de grace 1712, & de nôtre Regne le soixante & dixiéme. *Signé*, LOUIS: *Et plus bas*, Par le Roi, PHELYPPEAUX.

Régistré en Parlement à Dijon, le 21 Septembre 1712.

TABLE
Du contenu en ce Recüeil.